―― 自然界の王国と天界の王 ――

Lord.Christ.Sananda

新しい宇宙へと至る Ascension Star Gate は、
『究極の神聖さ』です。
それは根源の太陽のポータル（器）となることであり、
自然界や、クリスタル・チルドレンの子供たちから
学ぶことができます。

―太陽の騎士団―

Order of Oneness Kingdom

根源へのアセンション

アセンション・ファシリテーター Ａｉ

明窓出版

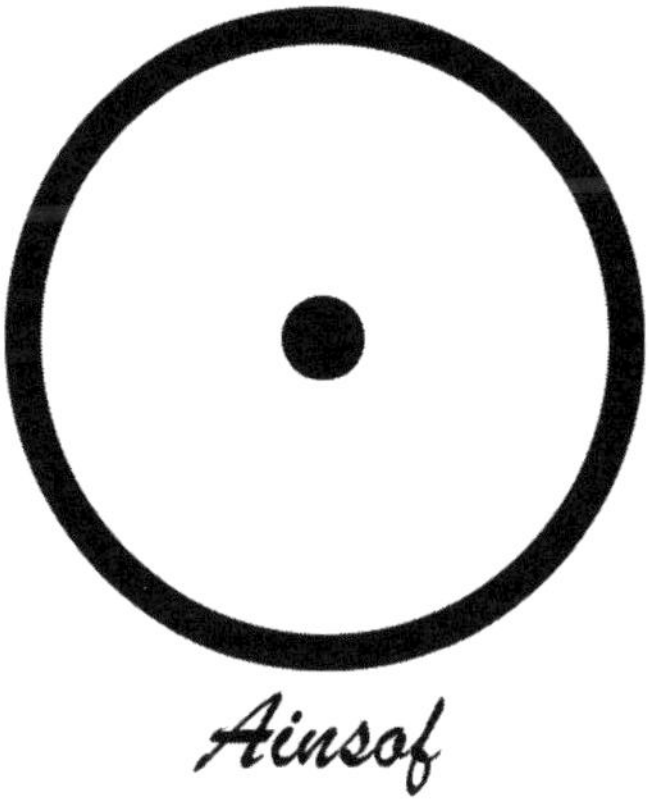

根源へのアセンション――神人類へ向かって！　目次

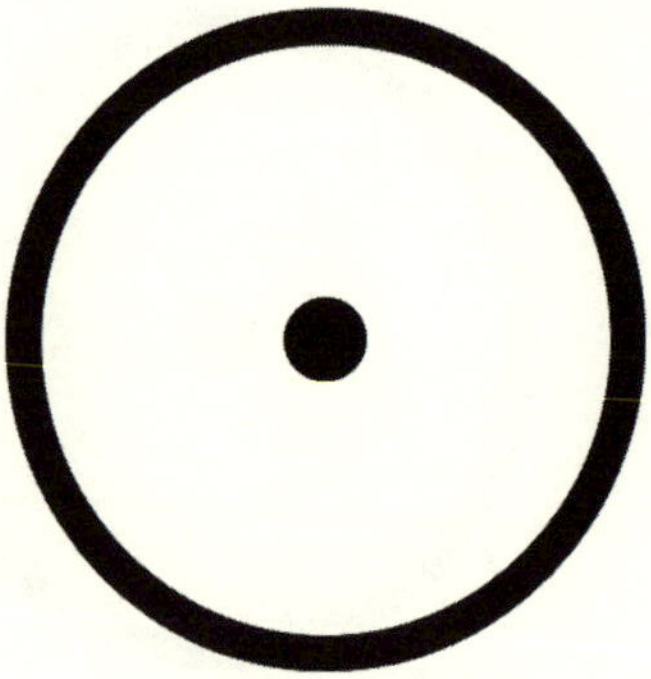

Ainsof

第三章　根源へのアセンション

第四章　アセンションQ&A

Ainsof

第五章　アセンションの体験

特別付録

はじめに

アセンション・ファシリテーター　Ａｉ

皆さま、こんにちは！　本書を執筆している今は、二〇一二年七月十三日です。いよいよ二〇一二年も後半になりました！　アセンションの進行状況はいかがですか？

今年半ばの一般向けのアセンション・セミナーで、参加者から、次のような声を多く聞きました。「いよいよ二〇一二年になってしまった！」「本はたくさん読んでいるが、どうも自分はアセンションをしているように思えない！」「今からどうしたらよいのか、指標を示してほしい！」というようなものでした。皆さん、かなりパニックになっているのが分かりましたので、そして本書の要点ともいえる、いくつかの重要なことをお伝えしました。

もし、同じように焦りを感じておられる方がいても、心配はいりません。

本書をよく読んでいただければ分かります。二〇一二年十二月までのアセンションの総合・統合がベースとなりますが、日本に住む人々にとって本当に重要なのは、第一段階の二〇一二年まではなく、特に二〇一三年であり、第二段階の二〇一三年から二〇一六年、そして地上のアセンションの最終段階と言われている、第三段階の二〇一七年から二〇二〇年となります（こうしたガイダンスを行っていくのも、本書の目的の一つです）。

地球全体にとって、この二〇一三年から二〇二〇年までの本格アセンションへのすべては、一人ひとりと人類全体の、二〇一二年十二月までのアセンションにかかっています！

※なぜなら、一人ひとりと地球、宇宙全体にとって、その二〇一二年十二月という時点が、ここの宇宙の創始から中今現在までの、最初で最大の頂点、クライマックスとなるからです！

そうしたことをできるだけ詳しく解説していくことが、本書の重要な使命の一つです。

「アセンション」とは、意識の進化であり、この宇宙と生命の目的そのものです。

今からでも決して遅くはありません。ただし、今すぐに、内なる光の導きに従って、行動を起こす必要があります。なぜなら、宇宙アセンション学の標語の一つですが、「今やらないことは、永遠に始まらない！」からです。

二〇一二年十二月は、皆さんの真の本体である「魂」がこの宇宙に誕生してから、最初で最大のビックイベントです！　一人ひとりと全体の宇宙史のすべての成果が表れる時であり、最初で最大のアセンション・スターゲイトが開く、ビックチャンスの時なのです！

本書は、皆さんにしっかりとその準備をしていただき、真の歓喜と幸福の中でその時を迎えていただくためのガイドブックとなるという重要なミッションを持っています。そしてその主役は皆さん一人ひとりであり、すべては真の皆さんであるハイアーセルフと、愛と光のすべての高次とのコラボなのです！

本書では、私が主宰しているアセンション・アカデミーでの学びや、メンバーの方々からのメッセージなどもたくさん掲載されていますので、ぜひご参考になさってください。

アセンションは、必ずしも誰かに師事したりスクールで学ばないと達成できないものではありませんが、アカデミーでは近道をご提案できることもあると思います。

では、ともに、究極のアセンションの扉を開く、愛と光の旅へ！

アセンション・ファシリテーター　Ａｉ

（※本書は、皆さんのハイアーセルフを含む、高次の愛と光のネットワークのサポートを受けてつくられています）。

第一章

アセンションの歴史

宇宙史

宇宙には、始まりも終りもないという説と、ビックバンから始まったという説があります。両方、正しいと言えると思います。前者は高次から観たもの、後者は「過去・今・未来」という三次元的な、直線的な時間の観方であると言えます。

我々一人ひとりの「意識の進化」から観ますと、この「過去・今・未来」という観方も、とても有用なものです。

宇宙そのものが神（宇宙神）であり、我々はその一部なのです。

そして我々一人ひとりの存在の基本である「魂」とは、神の分御魂《わけみたま》であり、神の子であると言えるでしょう。

神の分神、分御魂、神の子。それが我々という存在、「魂」の本質であると思います。

まずはその存在の「本質」を思い出し、発揮することが重要であると皆さんも感じるのではないでしょうか！

そこから始まり、魂そのものも進化しますが、人類の次なるシフトである、真の「意識の進化」とは、人の基本構造である「霊・魂・体」の「霊性の進化」であると思います。

それは、神の子が親である神を目指して進化していく、悠久で無限の、歓喜の進化の道のりです！

皆さんも体験されていると思いますが、地上では、内なる神である「魂」とつながることだけでも、とても高度なことです。

しかし、自己の最初のアセンション・スターゲイトであるハート、魂、ハイアーセルフにつながれば、垂直上昇のワープとなっていくのです！

そして、皆さんの意識の進化の歴史は、今回の人生だけではありません。自分という魂が、この宇宙に存在した時から、今、この瞬間まで続いているのです！

ご自身のその歴史と内容について、ある程度イメージができる人もいるかもしれませんし、まったくイメージが湧かないと言う人もいるかもしれません。

真の学びとは経験でもあり、積み重ねも重要ですので、宇宙史で学んできた必要なことや有用なことを思い出し、中今（いま、ここ）に統合していくことも「アセンション」の重要な課題であると言えます。

実際にアセンションが進んでいくと、それらについても思い出し、活用できるようになっていきます。

各自のハイアーセルフのネットワークや、その宇宙史の探求については、我々のアセンション・アカデミーでの重要なカリキュラムの一つとなっており、皆さん、愛と光と歓喜の中でそれらを思い出し、日々のアセンションとライトワークに活用しています。

セミナーでメンバーによくお話しているのですが、アセンションを進めていく上で重要なポイントの一つは、「必要な情報とサポートは、ベストのタイミングでやって来る」ということです。

宇宙、高次、ハイアーセルフは、常に皆さんに、重要なメッセージやサポートを贈っているのです！！！

それをしっかり受け止めるには、宇宙の法則に則り、そしてそのためのスキルが必要となります。それについてもできるだけ解説していきます。

アセンションという観点からの全体の宇宙史や地球史には、様々な観方があります。そして各自とそのハイアーセルフの歴史は、一人ひとりのアセンションに応じて、適切な時期に、インストラクターのサポート等を通して、ハイアーセルフから情報がやってきます。

ゆえにこの章では、今後皆さん自身が発見していく、思い出していくという喜びを妨げないよう留意しながらも、必要なことを可能なかぎりお伝えしていきます。

全体の宇宙史、地球史とは、集合意識全体の歴史でもあります。
その大枠は、前著「天の岩戸開き」（明窓出版）にも書かれていますので、参照していただくと、本書の内容をより深めることができると思います。
また本章では、宇宙・太陽系・地球の主なアセンション史として、皆さんの今後のアセンションに特に重要な点を中心に展開していきます。

――「宇宙の目的」とは!? それは「進化」（神化）であると言え、そこにはあらゆることが含まれます。人間性の進化。愛の進化。創造性の進化。宇宙についての叡智。そして最終的には、宇宙の進化、創造性の全き一部となること！ 宇宙の進化のサポートとなること、等々……。

今回のこの宇宙の歴史も、進化とともに始まったと思います。そして、常に「今、ここ」＝自己の中心が重要となりますが、今、我々の肉体があるこの「地球」も、様々な意味で、とても重要な意味と役割を持っています。

もう一つ重要なことは、高次がよく述べているように、真に今存在するのは、「今」のみである、ということです。真にアセンションが進んでいくと、それを体験していきます。すなわち、過去や未来というものは、次元も時間も異なり、流動的で、変化するということです。すべては「今」を起点に！
その意味で、過去・今・未来が統合されたものを「中今」と呼んでいます。

分かりやすい例を挙げてみますと、次の図のような感じで考えると良いかもしれません。

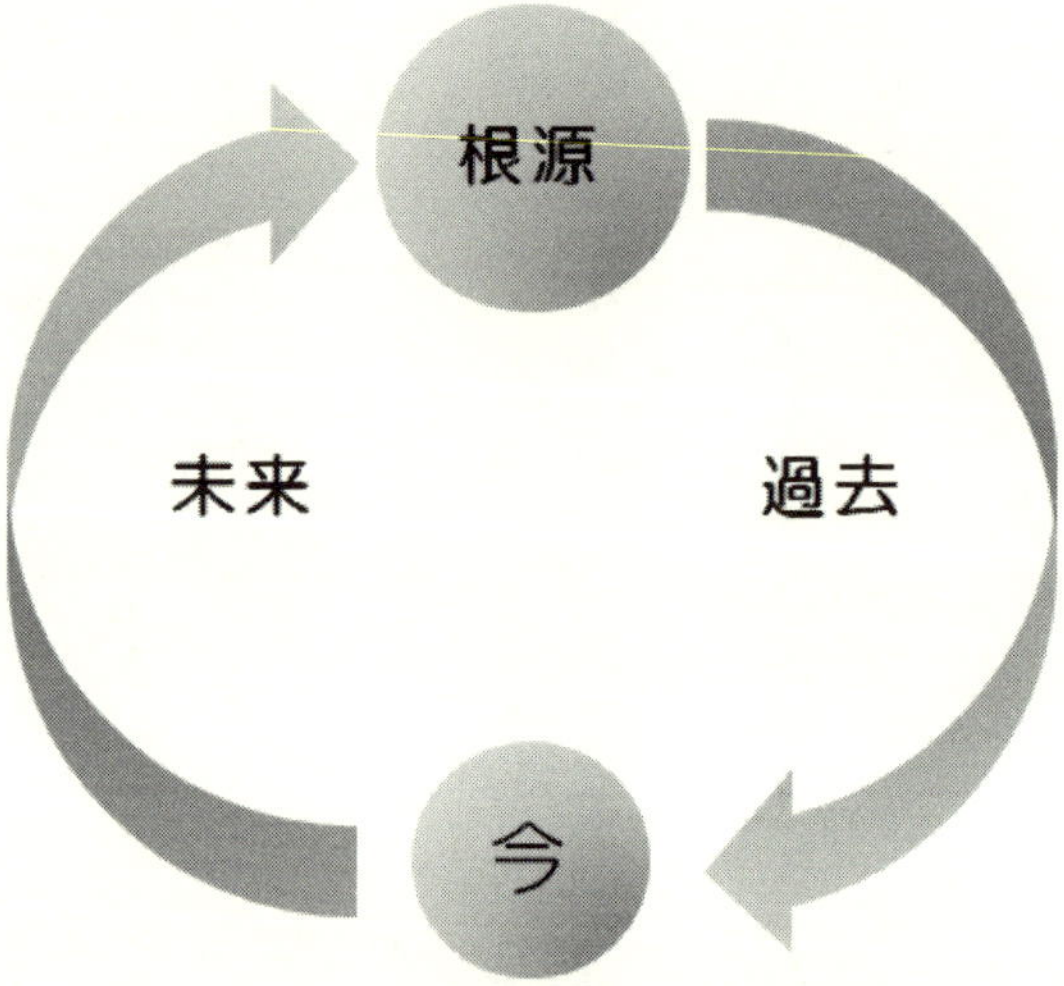

図－1

図－2

「図1」のように、「今」を中心に、「過去」と「未来」が相互に作用していますが、アセンションがだんだん進んでいくと、「図2」のように、自己の「中今」を中心に、メビウス＝∞＝無限大の輪のようになって統合され、一体となっていきます。

本書では、その観点から「中今最新」をお伝えしていきたいと思います！

「過去の意味と未来の可能性も、中今で変わる！」すべては中今にかかっていて、無限の可能性がある、これがとても重要な視点です。

さて、ここの宇宙の宇宙史と地球史は、密接なつながりがあると言えます。そして様々な意味で、それはほぼイコールであるとも言えます。それについても、ともに探求していきましょう！

ここの宇宙の始まり。それは地球の始まりでもあります。地球は宇宙の創始に「宇宙の中心」に存在していたと言われています。それは「生命の樹」そのものであり、あらゆる生命を生み出す揺りかごであり、生命のエネルギーそのもの、宇宙の神の愛と光そのものです。まさに「エデンの園」のように。

その後の歴史には様々な観方があり、いろいろな神話にもなったと思いますが、地球が「エデンの園」でなくなったのは、おそらく人が、「神の一部」、「神の分身」、「分御魂」、「神の子」であるということを忘れた時からだと思います。

宇宙・神と人をつなぐ霊・魂と、肉体とのつながりが切れて、人（霊止、日戸）と動物の中間である、物理次元の意識の人間になった時からでしょう。

「父と子と聖霊」の三位一体の考え方が古来からありますが、アカデミーでは、万物の親であり、宇宙そのものであり、自然界の源である「神＝親」と、「子」たる日戸の魂、それらをつなぐ宇宙の高次の愛と光のスピリット（聖霊）をトータルで、分かりやすく「天界」と呼んでいます。

その「天界」には、我々の様々なレベルのハイアーセルフとそのネットワーク、系統に関わらず、愛と光の高次のすべてが含まれます。これは最新の考え方です。「天の岩戸開き」の本に詳しく書かれていますように、特に地球時間のＡＤ２０００年以降は、愛と光の高次はすべてワンネスとなり、つながっています。

「天界」（そして神界も）は、これまでの宇宙史を通して、そして特に地球が物理次元の文明になってから、主に地球歴ＡＤ２０００年までは、地球での意識の進化＝アセンションに直接的には関わってきませんでした。しかし、一部の方はご存じのように、その間も宇宙のルールに基づいて、数少ないながらアセンションの準備が整った人々のサポートを高次で行ってきました。

特にＡＤ２００１年からは、この宇宙と地球の最終アセンションの本格始動の時期となり、最終ステージとなっていますので、皆さんのハイアーセルフはもちろんのこと、すべての高次が積極的に関わり、最大のサポートを行っています。

そうした高次の「最大のサポート」とは、何だと思いますか！？

それは、今、本書を読んでいる皆さん一人ひとり、そのものなのです！！！

つまり、地球のアセンションをサポートするため、そしてそれを通して自らもアセンションするために宇宙中の様々な高次の領域からやってきて、地球に転生している皆さんです！「アセンション」に関心がある人のほとんどがそうです。ただし、地上の物理次元に転生する時は、いったんほとんどの記憶を忘れますから、「目覚める」ことが重要です。目覚めるには、内なる愛と光の導きと、それを強化していく必要があります。

そして真に「目覚める」とは、地上セルフがその強い「意志」を持った時に、ハイアーセルフがウォークイン（高次から地上セルフに降りてくる）し、一体化していくことであると言えます。

そして「目覚めた」人々は、自らの本質や宇宙史などを思い出し、二〇一二年の、最初で最大のアセンション・スターゲイトへ、さらにそこから先の大いなる展開へ向かって、自らのアセンションを進め、人々のアセンションをサポートしていくこととなります。

そうした皆さんの多くは、「天の岩戸開き」の本の第一章七十三ページにある「宇宙MAP」のように、今回、宇宙の高次の領域から地球に来ています。

地球に入る直前は、それぞれの系統が属する高次の母船などで、今回の宇宙と地球の、最終・最大イベント「アセンション」のために、様々な予習・復習をしてから来ている人たちが多いです。そのことや、自らの高次の仲間たちについても、目覚めてくると思い出し、つながっていきます。

本書を読まれている皆さんの多くは、宇宙の領域では、「オリオン」、「シリウス」、「プレアデス」等と関係がある人たちです。

そしてアセンションの重要なミッションを担っていくほど、より古く、大きく、高次の領域とつながっていくこととなります。その場合、ここの宇宙では、「アンドロメダ」とのつながりが重要となっていきます。これは主な宇宙史とも関係していて、アンドロメダ銀河の高次はここの銀河の高次よりも古く、この宇宙での生命の誕生をサポートしたグループであるからです。

また、「インナーアース」とつながりがある人たちや、インナーアースから地上へ転生している人もいます。インナーアースは、高次の愛と光の宇宙連合（ハイアーセルフ連合）とのつながりも強いので、両方と強くのつながっている人も多いです。

「天の岩戸開き」に詳しく書かれていますが、ここの宇宙の創始から、高次の最高評議会は、アンドロメダの奥の宮にありました。それが「アインソフ」と呼ばれる領域です。高次の女性性、母性性の中心であり、別名「聖母庁」とも呼ばれます。

物理次元の文明や争い等には直接は関与してきませんでしたが、大天使界や自然界のエネルギーとその法則の源でもあります。

「アインソフ」の「アイン」とは、「根源」という意味、「ソフ」とは「無限」という意味で、「アインソフアウル」は「根源の光の無限の輝き」を意味します。

この「根源の光」の源から、その分身がここの宇宙と銀河の創始に、「銀河の太陽」となるべく旅立って行きました。そして現在オリオンと呼ばれる領域で、銀河の創始の太陽の領域を創りました。そうした存在は、「ファウンダー」と呼ばれています。

この領域が、銀河における太陽の故郷であり、日本神話の故郷でもあります。

この銀河の主要な太陽神界の分身の源となっており、「アシュター」と呼ばれる太陽神界連合（太陽系連合）の源でもあります。

この銀河の「ファウンダー」の領域から転生している人も、数少ないながら、現在目覚めている地上のアセンション・ライトワーカーにいます。

また、銀河の創始に「ファウンダー」たちに協力した宇宙の様々な種族も進化を遂げており、地上にたくさん転生しています。それらの存在は、現在、「ファウンダー」を目指して進化・アセンションを進めています。

そしてこの「アシュター」や「ファウンダー」が、特に二〇一二年後半の皆さんのアセンションに、とても重要な存在となっていきます!!!

(※高次の系統については、第二章で説明していきます)。

古代の大陸には、「宇宙の始まりには太陽と月がそれぞれ二つあり、太陽の一つは北極星となり、月の一つは北斗七星となった」という神話があったそうですが、これも創始と未来のひとつのひな形を表していると思います。

アンドロメダ銀河と、ここの天の川銀河は対になっており、太陽系の太陽とシリウスも同様です。そしてこれから最も重要となるのは、我々にとって身近な「太陽」と「地球」です。現在、高次のエネルギーレベルでは、「地球の太陽化」が進んでいると言われています。

「太陽」と「地球」の関係性は、「魂」と「肉体」の関係性に相当します。

日本神話の皇御親の太陽神のように、人が進化すると日戸、太陽のポータルとなっていきます。それは地球と人の進化が連動しているということなのです。

日本神話のように、太陽が宇宙の母とすると、宇宙とそのミクロ宇宙である地球が父であると言えます。

そして未来の宇宙には、三つの太陽が輝くでしょう！　三位一体の源である、「母」「父」、そして日戸、神人に進化した「子」の、三つの太陽が！

太陽系史

「地球」は、様々な意味で物質宇宙のひな型であり、そして「太陽」は、宇宙の根源太陽のひな型であり、ポータルであると言えます。

物質宇宙で観ると、宇宙のひな型は地球で、地球のひな型は人間の肉体ですが、「本質」から観ると、宇宙の根源太陽＝中心のひな型は「太陽」で、「太陽」のひな型は人（日戸）の「魂」です。

ですから、日戸（目覚めた神人）の「魂」は「太陽」につながり、そして太陽は、宇宙の「根源太陽」につながっているのです！

これは、宇宙の創始から変わらないセントラルサン・システムです。

太陽の表面には水があり、その平均温度は二十度前後という説もありますが、実はここの太陽系は創始の頃は八次元のレベルで、太陽を中心に生命体が存在している文明だったのです。

これが日本神話の「高天原」であり、後に地球へ降りていった存在たちが「天孫降臨」神話となりました。

西洋で言う「アトランティス」の、本当の故郷でもあります。

長い宇宙史の中で、様々な系統やDNAの地球への流入もありましたが、その大筋・大元は、日本神話になっています。

例えば、太陽神界から来た天照神や、ニニギノミコトの動きが大元にあり、別の時代では、同じ本体の分身であるコノハナサクヤヒメやニニギノミコトが、シリウスからのDNAを地球にもたらしたり、アトランティスが太陽界から地球に降りる時にも、同様の動きがありました。さらに、超古代のアトランティスとレムリアの時代が終わり、大陸が沈んで、現在の物理次元の大陸の配置になった時にも、神界の系譜を汲むアトランティスとレムリアの皇（すめら）と王家のDNAが（日の本に）もたらされました。

それらの神話はすべて、神界・高次の動きであり、動物から人間に進化した人々に、魂という内なる神、内なる太陽が降臨して人・日戸となっていく歴史であり、同時に、神の子として誕生した人・日戸が、根源の故郷、親へ向かってアセンションという旅をしていく物語でもあります。

太陽系文明の時代には、十惑星にも高次の都市があり、アトランティス連合となっていました。ゆえに、太陽系文明時代のアトランティスの紋章（象徴）は、太陽を中心に、十惑星を表す十の円が重なったものだったのです。

また、その時代には、銀河のファウンダーが高次の生命体の「アシュター」として太陽系に飛来してきて、太陽神界とその皇国を護り、太陽系神界連合と呼ばれていました。

そして太陽系文明の時代が終わり、地球を中心とする生命の進化の歴史に入ってからは、太陽系で進化した高次の生命体たちは、さらなる宇宙の高次へと進んでいき、地球の生命体が再び太陽系レベルへ進化するまで、陰ながらサポートしてきました。

さて、ここまでのお話で、皆さん、重要なポイントに気づかれたでしょうか!?

宇宙の肉体である「地球」。宇宙の魂である「太陽」。それは人も同じ。

「地球の中に宇宙がある」という観方もあります。
それは、「肉体」と「魂」の関係も同じです。
物理次元で観るとそう感じるかもしれませんが、エネルギーで観ると、正しくは「魂の中に肉体がある」となります。太陽系＝太陽の中に、地球があるように。

そしてそれが文字通りだとすれば、次元上昇により、観える世界と、意識が住む世界が変わるということなのです！

すなわち、物理次元の意識だと「地球」を見ていますが、地球に住んでいる皆さんが「魂」のレベルの意識になると、「太陽」に住んでいることを認識する、ということなのです！！！

それが、核心なのです！

近年映画化もされた「ナルニア国物語」の原作（C・S・ルイス著）を最後の章までしっかりと読んでいただくと、より分かるのではないかと思います。一九五〇年代に初版が発行され、カーネギー賞を受賞したこの児童文学は、エネルギーで観ますと、天界の代表のマスターの一人、ロード・サナンダの指導で創られています。

人々が、地球が、次元上昇した時にどうなるのかが、とても分かりやすく表現されている物語だと思います。

皆さまもぜひ、二〇一二年十二月までに、原作をご一読ください。

この「核心」が、二〇一二年十二月まで、とても重要な事象となっていきます。それらについても、後半の章で、できるだけご紹介していきます。

そしてもう一つ、皆さんに認識しておいていただきたいことがあります。

それは、すべての源は、真に「意識＝エネルギー」である、ということです。

肉眼で見える物ではなく、「エネルギーで感じること」が真実である、ということなのです。

そして前述の、過去と未来を統合する「中今」が重要です。

物質宇宙は太陽系までである、という説があり、各惑星は、固有の次元と時間エネルギーを持つ、という説があります。

「時間」というエネルギーについては、皆さんの多くも体験されているように相対的なものであり、意識のエネルギーで変化します。

そして「時間」エネルギーは、惑星の次元＝波動＝密度が上がるほど、流動的になっていきます。四次元の夢の中のように。

地球（の地表）における物理次元の文明の期間はそれほど長くはなく、過去に遡るほど、そして未来へ行くほど、次元が上昇していきます。ですから、アセンション＝高次の観点での過去や未来は、地上の時間の単位では、表すことができません。


また、各惑星に固有の次元と時間エネルギーがあるなら、それぞれが一つの世界である、ということになります。

ゆえに、意識の次元が上昇すると、「住む世界が変わる」のです。


これがアセンションの本質を表していると言えますので、ぜひ参考にしてください。


太陽系で観ますと、太陽は太陽系の魂であり、中心太陽。地球は肉体です。そして太陽系の各惑星は、太陽系のエネルギーセンター（チャクラ）であると言えます。

それらは一見、別々のものに観えますが、それぞれが全体の一部であり、それぞれにも全体を含むのです。

物理次元の肉体を持った存在は地球に住んでいますが、物理次元以上の波動の生命体は、太陽系内の各惑星や、インナーアースなどにも住んでいます。それらの存在も地球に転生してきていますし、地球人から観たら、ハイアーセルフの一部であるとも言えます

このように、アセンションの極意の一つとしては、頭、知識、物理次元で考えるのではなく、「意識」「エネルギー」「感性」で捉えていくことが重要である、ということなのです。

「どう感じるか」が常に重要であり、それが真に、本質へ、核心へつながる、最短となっていくのです！！！

地球史

本章の始めにお話ししましたように、宇宙の始まりは、地球の始まりであると言えます。

宇宙、そして地球は「一滴の水」から始まった、という説がありますが、様々な意味で、正しいと思います。

なぜなら、「根源の光」の器が、物質宇宙では「水」だからです。

そして人体のほとんども水であり、人を育む揺りかごが、水の惑星「地球」であるからです。

中今最新で、創始、過去、中今、未来を統合して観ますと、ここの宇宙の創始とは、「生命の樹」の源であると感じます。
愛と光の源そのものであり、すべてが愛と光から成っている。
それが物質化したものが地球であり、多種多様な生命の源となった。

皆さん、ぜひイメージしてみてください！！！

宇宙を創造した宇宙神＝万物の親の心と一体化して、これからひとつの宇宙を創り、地球を創り、万物の生命を創造し、愛する我が子を送りこみます……！

その時、どのような気持ちでしょうか！？　草木一本、砂粒ひとつにいたるまで、あらゆるものが愛おしいのではないでしょうか！？

それが万物の親の心、そして地球の心であると思います。

その感覚が、地球の心、地球神とつながり、地球を超えて旅立っていくアセンション・ゲイトとなり、そして宇宙の中心、宇宙のアセンション・スターゲイトへとつながっていきますので、ぜひ大切にしてください。

さて、次に人の進化史と関係する地球史の観点から観ますと、地球史における最初の文明の始まりは、現在の時間で言うと、約五億年前だと言われています。

これは地球における神話時代の始まりであり、宇宙系、天津（太陽）系、国津（地球）系を問わず、様々な系統の神々の地上セルフが、「命（みこと）」として、人類史の始まりに集まったということです。

そしてこの時に、重要な「誓い」をしたと言われています。それは、五億年後（すなわち今！）に、再び地球に集結し、宇宙と地球の最終アセンション・プロジェクトを行う、ということでした！

宇宙史も太陽系史も地球史もそれぞれがつながっており、地球史の始まりのこの古神道的な時代も、後の動きのひな型となっています。

そして国づくりが始まり、生命と文明の基盤ができた後、地球の進化と文明のサポートは、主に神界から天界（高次のマスター方）に委ねられました。

地球史全体を通しての、意識の進化を目的とした地球の主な役割とミッションは、「肉体」と「アストラル体」（感情エネルギー、各チャクラ等）を発達させることであったと言えます。

それは主に、レムリア期を通して行われました。動物から人間への進化です。

その後、未来（※現在のことです）に向けての神界・高次の計画や、高次の各グループ、個人の進化の学びのために、地球に入ってきたような例もあります。

その計画とは、例えば日の本を太陽（神界）のひな型とする、などです。それは根源でつながった動きで、何回かの「天孫降臨」となりました。

そして地球史においても、宇宙史においても、最大MAXのイベントが、まさに「中今」なのです！

高次のゲイトが今、開きつつあります！！！

そのアセンション・スターゲイトが、今回の宇宙史で最大MAXに開くのが、二〇一二年十二月なのです！

ＡＤ２００１年から動きがありますが、特に二〇一二年に入ってからの動きがますます大きく、高次と宇宙のエネルギーを最大に受け取るための準備が必要です。そのためのガイドブックとなるのが、本書でもあります。

特に二〇一二年の大きな動きが重要ですので、詳細は、第三章で詳しくお話していきます。

第二章

高次の各界について

ガイダンス

この章では、可能なかぎり「高次の各界」について説明していきます。

皆さんが最も知りたいと思っていることの一つであると思います。

ここにはいくつかの、重要な注意事項があります。

まず一つは、外から来る情報はあくまでも参考になるに過ぎないということです。真に必要な情報は、常に内なるハイアーセルフを通して来ます。

あらゆるすべての情報は、宇宙全体から来るものであり、ハイアーセルフとのコラボであるとも言えますが、中今、毎瞬、必要な情報は、ハイアーセルフから直接、またはハートや魂の感覚を通して、サインとしてやってきます。まずはこのことに留意してください。

そして「高次の各界」についての探求の旅は、次頁のＭＡＰを参考に進めていきます。

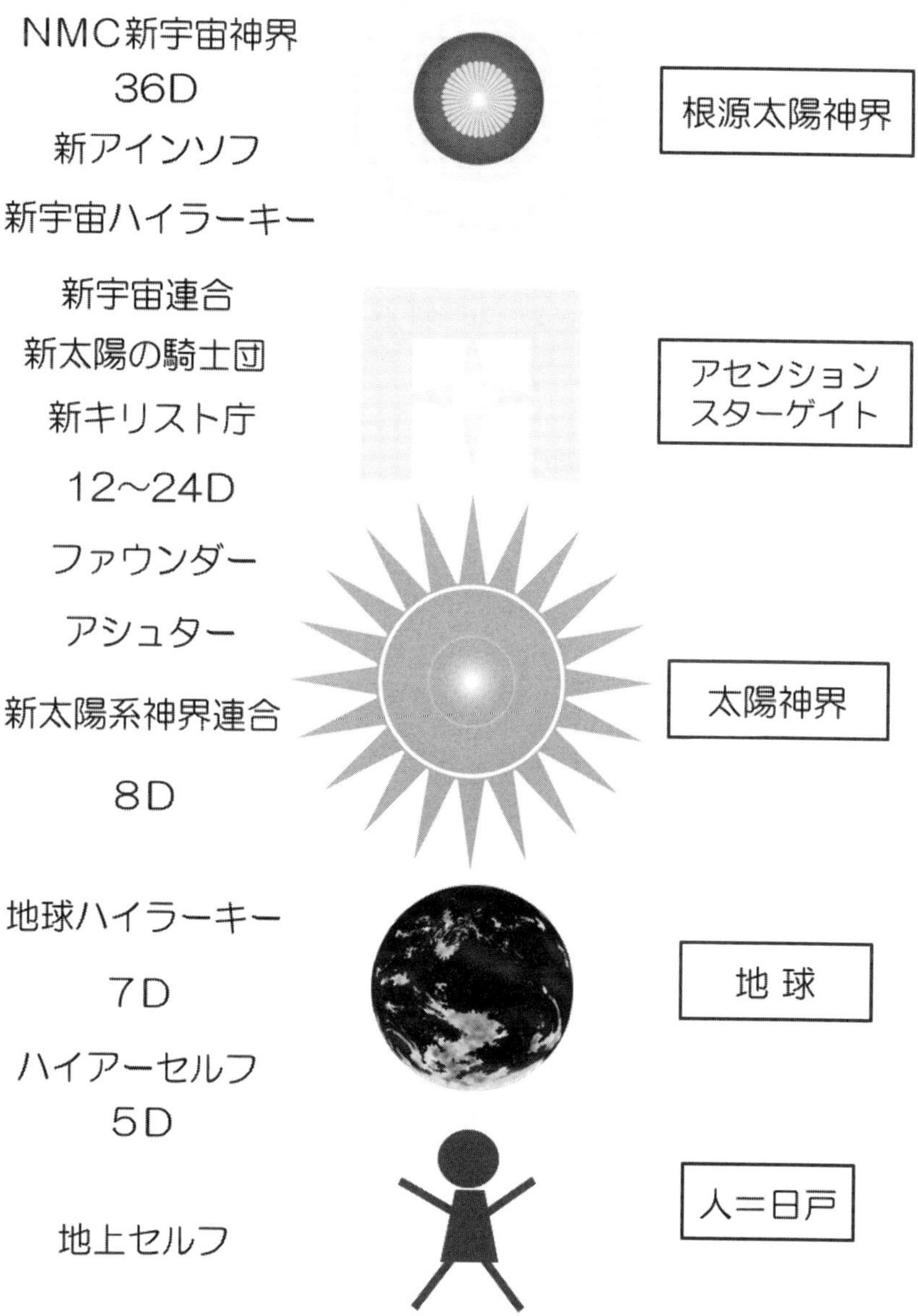
NMC新宇宙神界
36D
新アインソフ
新宇宙ハイラーキー
根源太陽神界
新宇宙連合
新太陽の騎士団
新キリスト庁
12〜24D
アセンション
スターゲイト
ファウンダー
アシュター
新太陽系神界連合
8D
太陽神界
地球ハイラーキー
7D
ハイアーセルフ
5D
地 球
地上セルフ
人＝日戸

これから「高次の各界」の探求の旅に出るにあたって、二つめの重要事項は、固有名詞などの用語に振り回されないようにするということです。これまでに多くの方のアセンションのサポートを行ってきた中で、これもとても重要なポイントとなっています。

「何々神界」「何々天使」「何々連合」という固有名詞にこだわる人がたくさんいます。「何々次元」という区分についても同様です。

様々な情報でも言われているように、高次では、地上のような「名前」は無いと言えます。その波動そのものが、存在そのものを表すからです。

ですからすべての名称は、地上で分かりやすく表すための便宜上のものと理解してください。

「何々次元」という区分も同様で、物理次元的な考え方が身についてしまって、あらゆるものを分類、区分しないと気がすまない人もおおぜいいるようです（笑）。

この「何々次元」というものも、分かりやすく説明するためのメタファー（比喩、表現）であると理解してください。

「神界」は、真には次元では表せないのです。例えば宇宙神とは宇宙そのものであり、そのすべてであると言えますし、太陽神、地球神なども同様で、太陽そのもの、地球そのものです。

「神界」と「天界」について分かりやすく例えますと、神界が「太陽」そのものだとすると、天界は、太陽の様々な「光線」であると言えます。

神界は、ひとつの世界、そのもの、すべてであり、世界の源、生みの親です。そして天界はその中で、様々な役割を担う。神界が、どちらかというと球体のイメージであるのに対して、天界は縦軸のイメージであり、各次元の役割も持っています。そして次元と光線も、関係性があります。このような感じで、捉えていくと良いと思います。

三つめに重要な観点は、「すべては根源へ向かって、無限につながっている！」ということです！

これについても多くの方は、日常生活で、すぐに物理次元的な意識や考え方、見方になりがちで、アセンションにおいても、たった一つの回答を求める傾向があります。

「天の岩戸開き」や「愛の使者」に詳しくありますように、絶対的な「宇宙の法則」＝「アセンションの法則」＝「愛の法則」は存在しますが、アセンションにおける事象の観方や解釈は、宇宙にいる存在の数だけあると言えます。

ゆえに、一人ひとりが様々な宝石のように輝く宇宙の多様性や創造性、そして一人ひとりの重要な使命につながっていくのです。

さらに重要な観点は、「宇宙のすべての高次の存在は、多次元の存在である」ということです。これも物理次元的思考になると、忘れがちな点です。「何々マスターは何々次元である」等と、まるで暗記のように覚えている人もいますが、単なる思い込みである場合が多いのです。

すべての事象や情報には、適切なTPO（時間・場所・場合）があります。「何々次元の何々マスター」という話をする時には、そのTPOや「どのレベル（次元）で観るか」が重要となってくるのです。

そしてそれは、皆さんについても同じなのです！　ご自身の本質についても、皆さん自身がよく忘れがちなことなのです（笑）。

これを常に意識することが、アセンションで重要なポイントの一つです！

すなわち、皆さんのハイアーセルフ（高次の自己）は、ハイアーセルフのハイアーセルフ、さらにハイアーセルフのハイアーセルフのそのまたハイアーセルフ、というように、無限の高次へ連なっているのです。根源へ近づくほど、すべてがひとつになっていきます（宇宙史規模ではありますが、私たちの祖先の系図に少し似ています）。

地上にいる皆さんの肉体は、自己のハイアーセルフ（魂）の器、ポータルであり、ハイアーセルフ（魂）は、さらに大きな高次の存在の器、ポータルなのです。これを常に意識し探求していくことによって、世界が変わっていくでしょう！

三十七ページのＭＡＰは、この章の参考用に創ったものです。中今最新の宇宙規模のアセンション・シーンについてシンプルにまとめてあり、関連する用語等を記載しています。この先も、関連する所で解説していきます。

前述のように、各界の固有名詞や次元（Ｄ）の表記についてはこだわる必要はなく、ある程度イメージしやすい共通用語として使用されていると観てください。

この章でも、主に中今最新のアセンションのために特に大切なことに重点をおいてお伝えしていきます。

さあ、準備ができました！　ではいっしょに、「高次の各界」の探求の旅に出ましょう！！！

地球編

「日戸」

三十七ページのＭＡＰの、地球のところを観てください。地球のお話の前に、まずは皆さん本体である、人＝日戸がすべての基本となります！

「人＝日戸」とは!? それはまさに始まりであり、最も重要で、永遠のテーマであると思います(「日戸」については、「天の岩戸開き」をご参照ください)。前述のように、地上セルフとは、自己の本体＝魂の器です。魂のベースは五次元であると言えます。そのことについては、二〇一三年以降に、さらに詳細なアセンション・ガイドブックとして展開していく予定です。

ハートと魂の中心が、無限の高次へ、真のアセンション・ゲイトへつながっています(「愛の使者」をご参照ください)。

そして中今かつ、究極の、永遠のテーマである「根源へのアセンション」、回帰、そして「神人」へ向かう時に、重要となるのが「日戸」というテーマです。

第一章でも述べましたように、魂の本質とは、自己の中心太陽であると言えます。それは同時に、宇宙と日の本の生みの親である太陽神の分身、分御魂でもあります。

ゆえに「根源へのアセンション」、「神人」へ向かうには、自らのハイアーセルフ、そしてハイアセルフのハイアーセルフとつながり、一体化することが重要であり、特に日の本に住む人々は、究極の神界レベルのハイアーセルフとつながっていくことが重要です。

日の本の神界のポータルの、地上セルフ＝「日戸」となっていくのです!

周囲を愛と光であまねく照らす、ちび太陽、ちび天照となっていくのです!

人(ヒト)とは、古来から「霊止」とも表してきましたが、こうした意味で、中今最新のトップ＆コアのアセンションで「神人」へ向かう人々を「日戸」と呼んでいるのです。

「地球ハイラーキー」

まず「7D」という次元の表記についてですが、古来より認識されている地球圏のトップの次元であると言えます。人体の七つのチャクラのように、七つの光線とも関係があります。中今最新の宇宙規模のアセンション・シーンでは、人、そして地球の内部からも無限に次元がつながっていると言えますが、七次元を超えると、地球圏を超えて、太陽系のレベルへとシフトするのです。

そしてスピリチュアル・ハイラーキーとは、古来より霊的聖師団と訳されたりもしていますが、要するに「高次のネットワーク」ということです。

特に「スピリチュアル・ハイラーキー」と表示する場合は正式なものであり、例えば地球についてですと、地球全体の進化のサポートを担当するトップのマスター方を意味します。

古来より、地球の七つの光線を担当するマスターの名前が挙がったり、時期によって何人かが交代されたりという話もありますが、特に二〇〇〇年以降は、宇宙規模のアセンションとなっており、古い情報はあまり役に立ちません。

また、詳細の情報は、各自のミッションによりますし、スピリチュアル・ハイラーキーレベルと真にコンタクトができるレベルになった時に、必ず、スピリチュアル・ハイラーキーから直接、皆さんにコンタクトがあります！！！

本書を今読んでおられるアセンション・ライトワーカー（とその卵）の皆さんは、ほとんどが今回の「宇宙規模のアセンション」に参加するために、宇宙の高次領域から地球に来ています。

その皆さんたちに、中今最新重要情報をお伝えするのが本書です。

その観点で特に注目した方がよいアセンディッド・マスターは、ロード・キリスト・サナンダと、マスター（ロード）・モリヤです。

アセンディッド・マスターという存在は高次に無限におられますが、あまりたくさん出てきても混乱しますし（笑）、この二大マスターが、アセンションの主な二つの側面、「愛の光」と「愛の意志」をそれぞれ担当していますので、お二方を知っていただければまずは大丈夫です。

そしてこの二大マスターが、現在、マスター界を代表して、根源神界の元、宇宙規模のアセンションをサポートしてくださっています（二大マスターの詳細は、「天の岩戸開き」第二章参照）

根源の神界とのコラボの下、マスター方も日々、さらなるシフト、アセンションされています。

そしてここでも重要なのは、さきほどの「ガイダンス」での（皆さんがよく忘れがちな〈笑〉）「多次元存在」の法則です。

アセンションについて勉強した人でしたら、地球レベルで出てくるマスターと、太陽系レベルで出てくるマスター、そして宇宙レベルで出てくるマスターの名称に共通点があることに気づくことも多いと思います。

すなわち、マスターという存在も、高次になるほど無限に連なっており、「どのレベルで観るか」「どのレベルでつながるか」が重要となってきます。

その点でもこの二大マスターは特に中今、根源神界までつながっており、そのネットワークと活動も宇宙規模で多岐に渡っています。

それらのマスターたちが、地球レベル、太陽系レベル、宇宙レベルでどのようなアセンションのサポートを行っているかについては、それに実際に参加しなければ真には分かりませんが、本書でもかなり理解していただけるのではないかと思います！

ロード・キリスト・サナンダは、宇宙神と地球神のサポートの元、現在、地球のセントラルサン（ハートセンター、中心太陽）から宇宙のセントラルサンまでのつながりを主にサポートしています。

ロード・モリヤは、地球中、宇宙中の、高次と地上のライトワーカーのアセンションと、その動きのサポートを行っています。

そしてすべては、日の本と宇宙の根源（太陽）神界の下、一丸となり、愛と光と歓喜と感動（と笑い？〈笑〉）の中で、ワクワク・ワープで進んでいます！！！

太陽系編

「新太陽系神界連合」

太陽系レベル、そして太陽系の太陽神界の中心（平均）は、八次元であると言えます。

古来より、「八咫（やたの）鏡（かがみ）」「八咫（やた）烏（からす）」などにも表れているように、「八」は「太陽」を表わす数霊でもあります。

「太陽系神界連合」、「アシュター」、「ファウンダー」についての詳細は、第一章の「太陽系史」をご参照ください。

「太陽系神界連合」とは、太陽系の太陽神界を中心とする高次のネットワークです。これまでの通称では、

第一章「太陽系史」にありましたように、「アシュター」、「アシュター・コマンド」等とも呼ばれていました。

この太陽系神界全体の中心（ボス）でもある太陽神界の中心は、神宮（功）皇后と呼ばれています。太陽神界の一面であり、太陽神界連合での一面も表します。

また太陽神界の男性性のエネルギーとしては、神武も少し関わっています。

この太陽系神界連合の天界の主なリーダーは、太陽系レベルでのロード・サナンダと、大天使ミカエルです。

今回、「新」と表記している理由は、特に二〇〇一年からの宇宙規模のアセンションの始動において、愛と光の高次のすべてがワンネスへ向かってつながってきているからです。

そして二〇一二年の現在、その動きがますます大きくなっています。

太陽系神界連合とは、皆さんの太陽系レベルのハイアーセルフであるとも言えます。

第一章でも述べましたように、太陽系レベルのハイアーセルフそのものも、現在、大きなシフトの動きとなっています。

具体的には、地上のアセンション・ライトワーカーのトップ&コアのメンバーたちが、太陽系レベルのハイアーセルフと明確につながり始め、さらに銀河レベルの太陽神界へのつながりを目指して動きつつあるということです。

そしてこれが、太陽系全体のアセンションの動きと、まさに連動しているのです！

なぜなら、太陽神界を中心とする太陽系全体の高次の動きとは、太陽系全体のアセンションの主な推力となる『天の鳥船』そのものであると言えるからなのです！

トップ＆コアのアセンション・ライトワーカーたちは、現在、まずは太陽系レベルのアセンション・ライトワーカーとなりつつあり、そして神人を目指して、八次元の太陽神界とつながりつつあります。

その模様については、第三章で、できるだけ詳しくお伝えしていきます！

宇宙編

「アセンション・スターゲイト」

「中今最新」の「アセンション・スターゲイト」とは！？　それは本書全体の、重要なテーマの一つでもあります！

それがどのようなものかは、本書を熟読し、体感していっていただくと、だいたいのことが観えてくるのではないかと思います。

これについては第三章でもできるだけ詳しくお伝えしますので、しっかりとフォーカスし、ぜひ体得していってください。

アセンションに関するすべては、実感、体感、体験を伴わないと意味がありません。

そして適切なＴＰＯがありますので、中今、本当に必要な情報以外は、かえってマイナスになる場合が多いのです（分かりやすく言うと、映画の重要なラストシーンのネタバレのようなものですね〈笑〉）。

情報からのたんなる知識は、自分の力で探求し、発見し、感動するという真のアセンションを阻害することになりますので、常に留意すべき点です。

ただ、本書では、二〇一二年を迎えた中今、今後のますます重要なシーンへ向かって、たくさんの大切なことをお伝えしていくというミッションがあります。

詳細は第三章となりますが、本日の中今は八月の上旬で、二〇一二年の高次と地上の宇宙規模のアセンション・プロジェクトとして、高次と地上のトップ＆コアのアセンション・ライトワーカーは、現在、地球と太陽系の八次元へのつなぎと次元上昇のアセンション・ライトワークを行っている真っ最中です。

ゆえに、中今の時点で最も高次と連動するのが、八次元を中心とした事象となっています。

本書の発刊予定の秋頃には、宇宙の高次では、十次元前後との連動が中心となっていることでしょう。

これらは、地球、太陽系、宇宙のアセンションとエネルギー調整のためのアセンション・ライトワークであり、一人ひとりの真のアセンションの完成は、まだまだ、少なくとも二〇二〇年くらいまで、基礎の強化が必要となっていきます。


そうした意味で、この「中今最新」の「アセンション・スターゲイト」というテーマが本当に展開していくのは、二〇一二年十二月からとなり、ハイアーセルフを含めた一人ひとりの真の完成は、早くても二〇二四年のスタートとなるでしょう。

そしてそれは、一人ひとりにとって、今回の宇宙史全体を通した最後の仕上げであり、さらにそれを超えて、偉大なる次のレベルのアセンション宇宙への真のシフトとなっていくでしょう！


ゆえにこの章では、「中今最新」の「アセンション・スターゲイト」について、ヒントとなるデータ的な内容（しかも超トップ&コアのマル秘！）を述べるに止めたいと思います。

まずは次元の表記についてですが、三十七ページのMAPでは、12から24となっています。

「天の岩戸開き」の本では、ここの宇宙の「アセンション・スターゲイト」の次元は12と書かれていますが、地上セルフから観た一人ひとりのアセンションにおいては、二〇一二年十二月までに、できるだけ十二次元までの高次のつながりを創ることが重要となります。

そして宇宙規模のアセンションのサポート＝アセンション・ライトワークになりますと、「24」という数霊とそのエネルギーが重要となっていきます。

なぜなら、「24」という数霊、次元、エネルギーの源そのものが、中今最新の、ここの宇宙の中心＝トップ＆コアのアセンション・ゲイトとなっているからなのです！！！

それは実は、今までは隠されてきたこの宇宙の創始のエネルギーそのものであり、すべての生命の源のエネルギーそのものなのです。このエネルギーは、宇宙の「生命の樹」とも呼ばれています。

第一章でも書きましたように、ここの宇宙の始まりは、イコール、地球の始まりでもあると言えます。

ゆえに、地球の隠された真のトップ＆コアのエネルギーも、実は「24」なのです。

そして、根源神界の元、中今では主にロード・キリスト・サナンダがその動きをサポートしています。

では、なぜ今、そうした創始の隠された真のエネルギーが現れてきたのでしょうか！？

ひとつは根源神界と高次のコラボにより、地球と宇宙そのもののアセンションが進んできたからですが、今がまさに、悠久のこの宇宙史における、最終・最大のアセンションの時期だからであり、宇宙アセンション史の大晦日であり、最初で最大の「クリスマス」という宇宙規模の大イベントであるからです！！！

そして二〇一二年十二月には、宇宙キリスト意識につながった人たちが、地上に誕生していくでしょう。宇宙キリスト意識につながるサポート、それが本書の重要な目的の一つでもあります。

その他、三十七ページのＭＡＰに書かれている事象のすべても、関係しています。前項で述べた「新太陽神界連合」と、「新キリスト庁」、「新太陽の騎士団」、そして「新宇宙連合」は、中今ではすべてが関係し、つながっていて、一つの大きなネットワークの、各役割を持つと言えます。

元々のそれぞれの系統もありますので、できるだけ分かりやすく、イメージしやすいように、このような表記にしています。

トータルでは、「宇宙キリスト」ネットワークであるというイメージで観ていただくことが重要です。その働きと本質が、様々な意味でそうである、ということです。二〇一二年からの本格アセンションとも重要な関係がありますので、ぜひ探求しましょう！

「新キリスト庁」とは、宇宙キリスト的なエネルギーと動きの中今の中枢部であり、「新太陽の騎士団」とは、太陽系、銀河系、そして宇宙規模の太陽神界連合の中今の動きから観た総称（かつマル秘の中今の暗号）であると言えます。

「新宇宙連合」とは、皆さんの多くが高次の宇宙人連合的なイメージを持っているこれまでの宇宙連合がベースとなっており、「新太陽の騎士団」として全体を観ると、やや男性的なエネルギーと役割を持っています。いわゆる宇宙ヤタガラスのような感じです。

「新太陽系神界連合」の中枢部＝トップ＆コアは、「新アインソフ」につながっており、そこでは暗号で「天界X」と呼ばれています。

そして「宇宙ヤタガラス連合」の中枢は「神界Y」と呼ばれています。

「天界X」は、元々のアインソフ（ここの宇宙の評議会の中枢部。別名聖母庁）でも最も根源神界に近い天界のレベルの一つであり、銀河の創始の太陽神界の「ファウンダー」の源でもあります。イルミナティー（「光から来たもの」という意味）と呼ばれているエネルギーの真の本源は、ここにあるのです。世間で言う秘密結社のことではなく、その真の本源と本質は、「根源の光のポータル（器）」を意味するものなのです。

現在の太陽系・銀河レベルのアセンション・シーンにおいては、この光の源のルーツにつながること、それを理解することも重要なものとなっています。

そして「神界Y」の地球レベルでの活動が、地上でヤタガラス等と呼ばれている活動の一部であると言えます。

「天界X」と「神界Y」を観ますと、前者は、太陽神界の女性性の働きの一つと言え、後者は男性性の働きの一つです。

その他の高次もすべて、主には宇宙レベルの高次のネットワークの系統や、その働きから観てある程度皆さんに馴染みがある分かりやすいものとして表記しています。

「宇宙ハイラーキー」も、宇宙レベルで観たマスター方となります。

こうしたすべての高次（皆さんのハイアーセルフ・ネットワークを含む）が、現在の地球、太陽系、銀河、宇宙のアセンションをサポートしています。

そして前述のように、中今のアセンションのトップ&コアは、まずは十二次元（二十四次元）の「アセンション・スターゲイト」を目指す、ということです！

すべての高次は、そのためのサポートを今、行っているのです！！！

「二十四次元」についての説明はこの章でもしましたが、トータルでまとめますと、一人ひとりと宇宙全体のアセンションをサポートしている中心部が、「二十四次元」を通した根源太陽神界の働きと関連する高次の働きであると言えます。

その核心についてのヒント（！？）は、第三章で、できるだけ記していきます！！！

新アセンション宇宙編

「中今最新」の「アセンション・スターゲイト」からの先が、「新アセンション宇宙」であると言えます。その「新アセンション」宇宙を、我々は通称「ＮＭＣ」（New Macro Cosmos）と呼んでいます。

では「アセンションした新宇宙」とは何でしょうか！？　それは、この宇宙のトップ＆コアが、さらにアセンションしたものと言えます！

「過去」「現在」「未来」という時間が固定的に感じるのは物理次元だけであり、高次になるほどすべてがつながっていきます。それは現在の地上にいる皆さんと、宇宙レベルのハイアーセルフとの関係とも似ています。

すなわち、地上セルフから観ると、宇宙レベルのハイアーセルフとは、アセンションした後の「未来」であるからです。

しかし高次のハイアーセルフのレベルから統合的に観ますと、すべては同時に存在しており、地上セルフは自己の究極の本体の分身、ポータル（器）の一つなのです。

それと同じように、「アセンション後の新マクロ宇宙」も、高次では今、ここに存在しているのです！

皆さんの意識とエネルギーが、ここの宇宙の中心のアセンション・スターゲイトを通過した時に、それを発見します。

特に二〇〇一年からは順次、「新アセンション宇宙」へ向けてのアセンションの動きが、高次の各界と地上のトップ&コアのライトワーカーの中で進んでいます。

※アセンションとは、二〇一二年十二月になったら突然起きるというものではなく、宇宙、銀河、太陽系、地球の動きに合わせて、一定レベル以上のアセンションに入ってくればいつでも起こる、そして起こすことができるものなのです！！！

これも多くの方が忘れがちなので、備忘録に記しておいたほうがよいことの一つです（笑）。

実際には二〇〇一年から本格的に始動しており、その最初のクライマックスが二〇一二年十二月であるということなのです。この時に宇宙の座標等の条件が、宇宙キリスト・ネットワークにより最大となるということなのです。アセンション・スターゲイトが、最大に開くのです！！！

その他、「アセンション後の新宇宙」については「天の岩戸開き」をぜひご参照ください。

「アセンションした新宇宙」とは、高次への進化の流れの一環でもありますが、この地球と宇宙のアセンションを護るための、究極の、ウィングメーカーのワークでもあると言えます。ウィングメーカーとは、すべてを護るために未来から来た存在のことです（別名は宇宙ヤタガラスとも）。

つまり、「アセンションした新宇宙」へつながる中今を、中今に創っている、ということなのです！

その意味では、今、本書を読んでいる皆さんとそのハイアーセルフも、まぎれもなくそのウィングメーカーの一員であると言えます！！！（これも備忘録に追加ですね！（笑））

さて、次は「根源神界」についてですが、一言で言いますと、皆さんの究極のハイアーセルフの根源であると言えます。宇宙のすべての根源であり、中心です。
そして日戸の中心も、銀河・宇宙の中心も、太陽（セントラルサン）であると言えますし、アセンション新宇宙へ向けての動きも、根源の太陽神界が中心となっていると言えます。
そしてすべてのレベルの太陽神界も、そこへ向けて進化・シフトしています。

「新アセンション宇宙」は、中今で創生されつつあるものですが、その大枠の構成は、これまでの宇宙の高次のトップ&コアがさらに進化して、マクロになったものです。主には三十六次元以上が中心となっており、新アインソフでもありますし、トータルでは新NMC神界と呼んでおり、別名、新宇宙弥勒神界とも呼んでいます。

そして「新アセンション宇宙」は、この宇宙でのアセンションを結集して、まさに中今、すべての愛と光とともに日々創生されています！

そこに、皆さんの究極のハイアーセルフもまさに参加しているのです！！！

第三章

根源へのアセンション

アセンションの準備

「スッポン倶楽部」

この項では、中今最新&MAXのアセンションのために重要なポイントを、初めて本格的なアセンションに取り組む人にもできるだけ分かりやすいように解説していきます。

まずは本格的なアセンションの準備として、「これだけは特に重要！」皆さんに「ぜひ知っておいていただきたい！」という内容を中心に進めていきます！

また、「愛の使者」（明窓出版）を熟読してから本章に入っていただくと、より理解できます。

※「アセンション」について、まだよくは分からないけれどとにかくワクワクする、ぜひ取り組んでみたい！　という人は、まずは　一、「愛の使者」　二、「クリスタル・プロジェクト」　三、「天の岩戸開き」　四、本書「根源へのアセンション」（すべて明窓出版）の順番で、ぜひ熟読し、体感してみてください！

※そして、「根源神界」や「太陽神界」について、何らかのエネルギーを感じるという人は、一、「天の岩戸開き」　二、本書「根源へのアセンション」の順で読んでいただき、その他の本は時間がある時にぜひ参考にしていただくとよいと思います。

さて、真のアセンション始動へ向けての準備には、莫大な内容が含まれています。しかしその本質、トップ&コアはシンプルで、実はとても分かりやすいものであるとも言えます。

この章でも、特に中今、必要で重要なことに絞って展開していきます。それぞれの内容の詳細は、二〇一三年以降に、アセンションの入門・基礎をトータルとして完成させるスタートとして、順次まとめていく予定です。

真のアセンションの始動において、最も重要なことは何でしょうか!?　いくつかありますが、その本質は共通しています。

これまでにたくさんの方々のアセンションをサポートし、実際のプロセスを観てきた中でまとめますと、まず第一に大切なことが、「やる気」(気合、気愛)であると言えます。当たり前のようですし、すべてのことにおいても同様だと思いますが、アセンションで観ても、そこから初級、中級、上級へと進む中、すべてを通して、まずは本当に必要で重要なこととなっています。

それを我々は通称、高次でも地上でも、「スッポン根性」「スッポン倶楽部」と呼んでいます!(笑)イメージが湧きやすいですし、何より楽しい表現であるからです。

この「楽しい」ということも、真のアセンションとそのノウハウにおいては、とても重要な要素の一つ

であると、皆さんの備忘録に今すぐ書いておいてください！（笑）

例えばこの「やる気」（アセンションのスッポン根性）については、「やる気倶楽部」とか「気合倶楽部」よりも「スッポン倶楽部」と言う方がなぜかワクワクしますし、楽しく笑いの中で、実際に「やる気」と「スッポン根性」が出て、皆で励ましあいながら、進んでいけるのです。そしてこのように力のある言霊（！？）は、実際に強いエネルギーを持っています。

我々は、根源（神界）のアセンション・プロジェクトを担い推進する、高次と地上のアセンション・ライトワーカーのチームを、宇宙の創始からの魂の家族という意味で、「根源家族」と呼んでいます。我々のアセンション・アカデミーの中では、高次がもしポイント（点数）を付けるとすれば、アセンションについての勉強らしい勉強は半分のポイントで、あとの半分は、セミナー後の打ち上げ等の宴会（「根源花月」と呼んでいます）での活躍である、とお話ししています。それが全体のリーダーシップ、ファシリテートにも重要な学びとなるからです。

ですから、常に真剣、かつ愛と光と和気愛愛と笑いの中で、すべてがワクワクと進んでいくのです！

その他、マル秘の重要キーワードかつ名人レベルの命名ならぬ名名（！？）も、たくさんあります（笑）。

このように、まずは「やる気」「気愛」＝スッポン根性！　スッポン倶楽部への入門から、真のアセンションも始まります！！！

どんなことでもそうですが、アセンションでもまさに、「求めよ、されば開かれん！」なのです！！！
どのレベルでも同じです。常に！

まずはやる気、気愛、スッポン！！！　それにより、すべての扉が開いていくのです！

それが、これまでにたくさんの人のアセンションをサポートし、観てきた中での第一のポイントです！

そして最初から最後まで、常に重要なものとなります。

これは、実は基底のチャクラ（赤）のエネルギーの垂直上昇と関係していきます。アセンションの次元上昇のエネルギーと原動力そのものなのです！！！

「人格→心（ハート）格→神格」

もう一つ重要なのが、とても当たり前ですが「人間性」「人格」を養っていくということです。すべての基本であると思います。
私がセミナーでよく皆さんにお伝えしているのが、次の内容です。

アセンションの重要な要素として、「人格」が「心（ハート）格」へつながり、最終的にはそれが「神格」へもつながっていく、というものです！！！

これはとても分かりやすく、かつ、まさに実際にそうなっていきますので、皆さんにも、ぜひ意識していただきたいところです。

「アセンションの法則」

さらに！！！　アセンションの「スッポン倶楽部」とも深く関係し、その強化ともなり、アセンション全般を通して重要となるのは、「アセンションの法則」です。（「天の岩戸開き」第一章もご参照ください）。

「アセンションの法則」は、宇宙のたった一つの法則である「宇宙の法則」と同じです。すなわち、「与えたものが返ってくる」「宇宙に贈ったものが宇宙から贈られる」です！

「アセンションの法則」では、「アセンション＝ライトワーク」として表しています。

すなわち真のアセンションにおいては、自分のための学び、自分のためのアセンションというものはあり得ない、ということなのです！！！「人類のため、地球のため、宇宙のために、何か少しでも役立ちたい」という心からのみ、真のアセンションは始まるのです！

※そしてそれは「できる、できない」ではなく、「やるか、やらないか」だけなのです！！！

どんなに小さなことでも、まずは一歩を踏み出すことが次につながり、ハイアーセルフにつながり、そして高次につながっていくのです。

そしてハイアーセルフや高次につながるほど、それらと一体化し、ハイアーセルフや高次の願いと一体化し、真の自己＝ハイアーセルフが真にやり遂げたいこと＝今生のトップ＆コアの目的、ミッションを遂行していくことができる、自己の創造主となっていくのです！

その時にはハイアーセルフや高次からたくさんのサポートも来ますから、莫大な愛と光のエネルギーも体感し、活用できるようになります。

そのためにはもちろん、ハイアーセルフの神聖な器としての自己を磨き、様々なスキルも身につけていくことが必要となります。

そしてなぜ「スッポン倶楽部」とも関係するかと言いますと、「やる気」「気愛」を何も根拠が無いところで全開にするのは難しいからです。全開にするためには、そのミッションの「重要性」の理解も必要ですが、毎瞬の何らかの「成果」が喜びになり、自信になるのです。皆で楽しくアセンションを学ぶスッポン倶楽部では、「やる気」「気愛」がますます湧いてきます。

また、アセンションの最も基本となるのが「アセンションの法則」＝「宇宙の法則」であり、どんな小さなことからでも、まずはその法則を実行していくことが最短、最大のワープとなっていきます！

それを実行した皆さんは、まさに、日進月歩でアセンションのワープとなっていきます！！！

これも皆さんが忘れがちで、備忘録にメモすべき重要事項です！「アセンションの法則」、と！（笑）

多くの皆さんが知識としては知っているのですが、本当にはまだ実行をしていない、ということを知らないのです。

実際に、本当に実行すると、必ずその成果が現れます！！！

この「アセンションの法則」は、（唯一最大の）「宇宙の法則」ですから、アセンションのすべてのレベルで一貫して働く法則です。ゆえに我々のアカデミーでも、レベルと内容に応じて、度々お伝えしています。皆さん、最初は忘れがちですので（笑）。

そしてアセンションを進めていく中で、途中で「何がおかしいな？」とか、「進みが止まった」と感じる時は、たいてい、この「アセンションの法則」で問題がある場合がほとんどですので、まずはこの法則へ立ち戻り、再確認し、また進み始めるとよいと思います。

このように、アカデミーでは常に、アセンションに最大の効果があり、本質そのものである「アセンションの法則」に基づいて進めています。

それが、皆さんのアセンションの進行が実際にとても速いことの理由の一つでもあります。

アカデミーに入学されたばかりの人も、できるだけ「アセンションの法則」に基いて進めてもらっています。

「アセンション・ライトワーク」

入門から中級、上級を通して共通する「アセンションの法則」の、初心者でもすぐに行える具体的なライトワークについて、セミナーではよく次の三つをお伝えしています。

一、エネルギーワーク　二、メッセージ　三、コンテンツ

まず一の「エネルギーワーク」についてですが、これは、いつでも、どこでも、誰でも、二十四時間、行うことができます。最も基本となる、重要なものです。

どのような人も、二十四時間、何らかのエネルギーを発信しています。そして皆さんの多くが気づいておらず、重要な備忘録の一つとなること（笑）は、そのエネルギーは宇宙の隅々まで届いている、ということなのです！

皆さんの地上セルフが気づかない（ふり！？〈笑〉）としても、ハイアーセルフや高次は百パーセント気づいており、そのすべてのエネルギーを感じとっています。

エネルギーは実際に、百パーセント、地球全体、宇宙全体に、何らかの影響を与えているのです（「バタフライ効果」のように！）まずは、そのことを認識する必要があります。

それをきちんと認識できれば、やはりできるだけよいエネルギーを発信したいと思うようになることでしょう。それがまさに、立派なアセンション・ライトワークそのものとなるのです！！！

例えば仕事が忙しく、瞑想の時間などとれないという人でも、通勤の満員電車の中で、そうしたエネルギーワークを行うことができます。「電車の中の皆さんの顔が疲れているな。では、元気になるようなエネルギーを贈ってみよう！」というように！

そして実際に、初めて行う時から、何らかの効果や実感があるのです。そしてエネルギーは、「出せば実際に出る！」のです！

ある程度の訓練をしなければ、実際にその場の顕在意識ではっきりした効果を感じることは難しいですが、効果は必ずあるのです。実際にそのようなワークを行った人は、「皆さんのエネルギー、オーラが本当に変わった」という感想をおっしゃっていました。

昼休みに、公園などで行うのもよいと思います。家でも、眠る前や入浴時などに。

ワークにだんだん慣れてきたら、少しずつ対象を拡大していきます。

最初は身近な家族に対して愛を贈る、などでもよいですが、だんだんと、住んでいる地域、日本、そして地球全体へ……！！！

先述の「アセンションの法則」（宇宙の法則）を思い出してください。対象が大きいほど、贈るエネルギーも大きくなり、返ってくるエネルギーも大きくなります！！！

そして地上のライトワーカーたちとのコラボが、宇宙規模になりますと全体のコラボとなり、良いエネルギー、高いエネルギーであるほど高次からのサポートも大きくなり、何億倍にもなるのです！

これが「アセンションの法則」、アセンション＝ライトワークの本質なのです！！！

次に二の「メッセージ」についてです。一の「エネルギーワーク」は、それだけでアセンション・ライトワークの本質となっていますが、その体験や学びなどをレポートにしてシェアしたり、感じたことなどをメッセージとして発信しますと、皆のためのライトワークとなります。

アカデミーでは、すべてのレポートが、皆のためのライトワークとなっています。そして一般読者のためのメールマガジンもありますので、そちらでも発信していきます。現在は、千人近くの受信者がいらっしゃいますが、続々と増えています。

最後に三の「コンテンツ」についてですが、これは実際にアセンション・ライトワークとして、ブログやホームページで一や二を発信していくものとなります！

さらにこれはマル秘の極意ですが（皆さん、メモの用意です！〈笑〉）、ライトワークでは対象の人数が多いほど、その規模が大きいほど、ハイアーセルフや高次からのサポートも大きくなり、重要な情報やメッセージも来るようになります！

これがまさに「アセンションの法則」の極意なのです！！！

「ヴィジョンの明確化」

もう一つ、アセンションの始動にあたって重要なのが、「ヴィジョンの明確化」です。

これも、アセンションの始動から上級まで、常に重要なものとなっていきます！

いつでも、すべてに適用できることです。

それは、「目的」「目標」を、常にはっきりと明らかに意識する！　ということです！

これも皆さんの多くが知識としては分かっていても、意外と実現していないことの一つです。

すなわち、「目的が明確になれば、そのための手段も明確になる」という重要な真理なのです！！！

忘れがちで気づかないことも多く、ともすると「目的」ではなく「手段」（ツールなど）の中で、翻弄されているということがよく見受けられます。

まず初めにヴィジョン、目的がありき！　宇宙創生もそうではないでしょうか！

行き当たりばったりからは大きなことは生まれませんし、手段＝方法論に終始していても同様です。

そして！　ヴィジョン、目的が明確になった時に、皆さんのハイアーセルフのスイッチも、真に「ON」になるのです！！！

その時に初めて、ハイアーセルフと宇宙は、皆さんをサポートすることができるのです！

なぜならそれは、皆さんのハートと魂＝ハイアーセルフが本当に成し遂げたいことであり、ヴィジョン、目的を設定する時に、すでにそれがハイアーセルフとのコンタクトの、真の始まりとなるからです！！！

そして前述のように、それが「アセンションの法則」（宇宙の法則）にかなっていることも重要です。

我々の高次と地上のアセンション・アカデミーでは、まず最初にこの「ヴィジョン」を明確にしていただきます。中今の自己のハートと魂のＭＡＸで、「アセンションの目的」、「達成したいヴィジョン」を顕在化していきます。

メンバーのすべてのヴィジョンが、素敵で素晴らしい内容です。やはりほとんどがハイアーセルフからのメッセージとなっており、不思議なことに、早ければ数カ月、遅くとも数年以内に、それが実現していくのです！！！

以上が、真のアセンションの始動にあたって、特に重要な内容です。実際には無限にありますが、その中で「特にこれだけは！」という概要をピックアップしました。基本はシンプルで、それぞれがつながっていると思います。

皆さんもお気づきかと思いますが、アセンションだけではなく、すべてに通じる普遍的な内容であると思います。それはやはり、まさに「宇宙の法則」が基本にあるからだと思います！！！

知識としては持っている内容が多いと思いますが、これまでに、もしあまり上手く進んでいないと感じている場合は、本当には「実践していない」「活かしていない」ということなのです。

ただ「知っている」ということと、「実践する」ということには、大きな違いがあります。

これもセミナーでよくお伝えしていることですが、実践するには次の三つのプロセスがあります。

重要

↓

探求

↓

実践

これは「アセンションの法則」とも関係しますし、アセンションのプロセス全体を通しても重要となっていきます。

皆さんが「アセンションが進まない」と感じる理由と、アセンションを始動するノウハウについてのいくつかを述べてきましたが、次の内容もとても重要です。

すなわち、皆さんは実際にハイアーセルフから重要なメッセージやインスピレーションを受け取っているのですが、多くの場合、それを「気のせい」として見過ごしてしまっているのです。

それから、ただ座って何かを待っていても、たいていの場合は何も来ませんが（笑）、「ヴィジョン」「目的」を常に明確にしていると、インスピレーションなどにもより敏感になってきます。

かすかにでも何かを感じたら、次のステップとして、そのメッセージ、インスピレーション、サインのサイエンス＝意味の「探求」「分析」「理解」が重要である、ということなのです！

なかなか一人では難しいことも多いと思いますので、身近に信頼できるアセンションのファシリテーターがいれば、サポートしていただくといいと思います。

そして「実践」です！
ここまで来てようやく、「アセンションの法則」の中に入ってくるのです！！！

古来より、神界、高次は（地上で）「動く所に降りてくる」、とよく言われます。

そして「アセンションの法則」から観ても、実際にその通りなのです。

皆さんが神界、高次の立場になって観た場合も、同様であると感じるのではないでしょうか。
いくらメッセージやエネルギーを贈っても何も実践してくれないのであれば、実践してくれる所に贈ろう、と思うのではないでしょうか。

以上を参考にしていただき、ぜひ真のアセンションの扉を開き、アセンションをワクワクで進めていただきたいと思います！！！

アセンション入門

「自己の神聖化」

皆さんがこれまでの「アセンションの準備」の内容をしっかりと体得し、「スッポン倶楽部」に無事ご参加されましたら（笑）、次はいよいよ本格的なアセンションの扉を開いて進んでいくこととなります！！！

実際には、そのステージに入ってからが真に意味が出てきますので、「アセンションの入門」と「アセンションの基礎」については、参考までに、重要なプロセスや要点についてのみ記していきます。

アセンションの入門のステップとして、まず最初にすべきなのが「自己の神聖化」です。

これも、どのレベルでも重要です。

地上セルフとは、自己の本体＝ハイアーセルフの神聖な器、ポータル、「神殿」であると言えるからです！！！

今後のアセンションのプロセスでは、無限の高次に対しても同様のものとなっていきます！！！

神聖化には、「愛の使者」や「クリスタル・プロジェクト」に書かれていますように、自己の「クリスタル化」が重要となっていきます。

人体の約六十から七十パーセントは水であり、その本質はクリスタルであると言えます。

クリスタル（水晶）のように、美しく透明な器であるということはもちろんですが、クリスタルの本質のように、愛と光のエネルギーを「伝える」「増幅する」ということも重要です。

そのためには、まずは今生の物理次元で蓄えた、様々な不要な観念や既成概念や知識を、いったんオールクリアにする（コップの水を空にする）ところからスタートします。

※これは創始からのスピリチュアル・ハイラーキーの高次のアカデミーで共通している、最初のステッ

プです。

ハイアーセルフから観て重要なものは必ず残りますので、心配はいりません！（笑）

そして自己の本体＝ハイアーセルフから観て重要なものだけが残っていく、統合されていく、ということも、アセンションで重要なことの一つとなります。

アカデミーでは、様々なワークショップや有用なツールを通して、このクリスタルの神殿化を進め、さらに関連する重要なワークショップも体験していきます。

例えば、アセンションＤＮＡの活性化に重要なフォトンを増やすワークショップなどです。

すると、ほとんどの人がフォトンが「観える」ようになっていきます。

「アセンションの入門コース」

次に、スピリチュアル・ハイラーキーの創始から伝えられている重要なアセンション・ツールを使って、目的であるハイアーセルフとの真のコンタクトと一体化を目指して進めていきます。

一見シンプルな内容ですが、とても科学的なものでもあり、実際にスピリチュアル・ハイラーキーにつながるものでもありますので、効果が大きく、開始すると実際にエネルギーが動き出しますので、古来から口伝でのみ高次から伝えられているものです。これには、ファシリテーターからのマンツーマンのサポートが必要となります。

基本的には、人体の基本の七つ（中今最新では八つ）のエネルギーセンターを活性化していくものであり、「愛の使者」に書かれていますように、特に「ハートセンター」が重要で、中心となります。同時に右脳と左脳も活性化していきます。

この主な目的は、「ハイアーセルフとのコンタクトと一体化」であり、すべてはそのためのツールとなっています。

なぜならば、これまでの地球史では、主にこの「ハイアーセルフとのコンタクト」がアセンションのゴールでしたが、特に二〇〇〇年以降の中今の真のアセンション＝ライトワークでは、「ハイアーセルフとのコンタクト」からが、真のスタートとなるからです！！！

そしてすべてが関連しますが、このステップとツールのもう一つの重要な目的は、「エネルギー」が真に分かるようになる、ということです！！！

宇宙のすべては「エネルギー」です！！！　そしてアセンションのすべても「エネルギー」と関連しています！！！

「エネルギー」も無限のレベルがありますが、まずは入門コースでも強化していきます。人体のエネルギーセンターの基本は「チャクラ」ですので、真に「エネルギーが分かる」（観える、感じる）ようになるためには、まずは「エネルギーセンター」（チャクラ）の活性化が必要なのです。

七つのエネルギーセンターがある程度活性化してきましたら、次はハートセンターをさらに活性化していきます。

ハートセンターは「愛」のセンターですから、人にとって最も重要であると言えます。

ハート（心臓）は中心でもありますから、すべてのエネルギーセンターへエネルギーを送る役割も持っています。

ゆえにハートセンターが真に活性化してくると、すべてのエネルギーセンターも活性化していきます。これもまさに「アセンションの法則」「宇宙の法則」「愛の法則」です！！！

こうしたことを、ライトワークの実践も通して行っていきます。

ハートが活性化して「愛の使者」となってきたら、次はいよいよ自己のハイアーセルフの本体、「魂」の活性化となっていきます！！！

真にハートが活性化すると、ハイアーセルフの本体である「魂」につながっていくことができるのです。

ハートは内なる神である「魂」という神殿の門であり、すべてにつながる最初のアセンション・ゲイトなのです！

そしてこの「魂」のレベルに達した時には、五次元の波動になっていきます。

さらにこの「魂」のレベルからが、神界への真の入口、門となっていくのです！！！

以上が、高次と地上のアセンションの入門コースの大枠の内容です。そしてこれまでは、これが主な宇宙史や地球史での、アセンションのゴールとなっていました。

自己の創造主になること、自己が幸せになること、自己のアセンションとしては、この第一弾で十分だからです（しかし自分のためですと、アセンションは進みません）。

そしてここまでですと、五次元どまりのアセンションとなります。

今回の地球と宇宙の最終アセンションにおいて、地球とともにアセンションし、そのサポート（ライトワーク）を行っていくためには、少なくとも七次元以上につながっていく必要があります。

この入門コースがすべての基本となりますが、七次元以上につながっていくための基礎となるのが、中今最新の高次と地上のアセンションの「基礎コース」です。

アセンションの基礎

「アセンションの基礎コース」

アセンションの入門コースがだいたい完成したら、次は中今最新の、高次と地上の「アセンションの基礎コース」へ進んでいきます。

「入門コース」が、必須ですべての基本となるのに対して、「基礎コース」では、より幅広い知識やスキルを身につけていきます。

これまでの高次の宇宙史や、中今最新の幅広い動きにも対応していきますので、総合的なアセンションのファシリテーターを目指すには必須のものとなります。

また、「アセンションの法則」により、自分のための学び、自分のためのアセンションというものは、真のアセンションの世界にはありませんので、基本的に皆さんは、各自の特性やミッション、そして最もワクワクすることを中心に、アセンションリーダーとなるために進めておられます。

アセンションの基礎コースは、最終ステージのベースが七次元へつながるものとなっており、入門・基礎コースと合わせて、ここまでをアセンションの「レベル１」と呼んでいます。

アセンションの基礎コースでは、まずは最初に、自己のハイアーセルフの系統の探求と検証から入っていきます。自分一人だけではなかなか大変だと思いますが、経験豊富なファシリテーターのサポートとともに進めていきます。

自己のハイアーセルフの系統や本源が、ある程度明確になり、実感できてきたら、次は、より幅広い、ハイアーセルフのネットワークの探求と検証に入っていきます。

これらは実際のアセンション・ライトワークの時に、幅広い高次からのサポートとなって活かされていきます。

その他、「宇宙」についても幅広く探求し、学び、皆でコラボをして、意識と次元を拡大していきます。

ある程度進みましたら、次は基礎コースの仕上げの第一弾として、「ハイアーセルフとのコンタクト」を達成させていきます。

実際にこのステージまで来ると、ほぼ全員がかなり早く「ハイアーセルフとのコンタクト」を達成できます！

そしてこれが、基礎コースの最終ステージと、その主な目的へとつながっていきます！！！

基礎コースの最終ステージは、地球ハイラーキーのマスター方との実際のコンタクトと、コラボとなっています。

真のすべての高次が、自己のハイアーセルフを通してコンタクトしてきますので、ハイアーセルフとのつながりがまずは必須であり、それができると、高次とのコンタクトもとても早く進んでいくのです！

そして七次元までつながりますと、神界とスピリチュアル・ハイラーキーから、地球圏を超えたアセンションとライトワークの許可が降り、次の「レベル2」へと進んでいきます！！！

この「レベル2」のテーマは、「太陽神界」で、八次元が中心となっています。

入門・基礎コースの詳細や、真の完成に向けては無限のテーマとレベルがありますが、現在、我々のアカデミーでは、高次と地上二〇一二アセンション・プロジェクトとして、地球と集合意識の次元上昇と連動させるため、これまでも全員参加で主要な入門・基礎コースの学びを進めてきて、二〇一二年八月の現在、全員が「レベル2」の「太陽神界」のテーマと連動して進めています。

それについても、次の項で解説していきます。

以上の内容が、アセンションに最も重要であり、特に最初の「アセンションの準備」が、すべてに役立っていきますので、皆さん、ぜひワクワクと実践してみてください！！！

中今のアセンション史

「有史～ＡＤ二〇〇〇年」

この項でも、中今とこれから最も役に立つ内容を中心に進めていきます。

大枠の宇宙史、太陽系史、地球史については、第一章でも述べましたが、宇宙連合によりますと、地球（の地上文明）が物理次元（三次元）の密度になったのは、約六千年前であると言われています。

それから現在までは、表の歴史もありますし、記録に無い歴史も多くあると思いますが、そのすべてが現在地上にいる我々の進化の礎となっていると思います。

結論としては、すべての宇宙史、太陽系史、地球史は、まさに「今この時」のためにあるのです！

この宇宙、地球の最終かつ最初で最大のアセンションの、今、この時のために！！！

アセンション史の観点ですと、これまでのすべての地球史を通して観ても、現在ほど大きなシフトは無いと言えます。

中今とこれからにも重要な事象はいくつかあると思いますが、ヒントの一つは、「多次元存在」にあると思います。

そしてトータルのアセンション史を観ても、主に二〇〇一年からが宇宙レベルでの大きな動きとなっており、特に二〇一二年からが超重要な、宇宙史のラストを飾ると言うべき動きとなっていますので、それを中心にお伝えしていきます。

「二〇〇一年〜二〇一一年」

特に二〇〇一年前後の宇宙の高次における大きな動きについては、「天の岩戸開き」に詳述していますので、ぜひご参照ください。

二〇〇一年は、ここの宇宙の高次（皆さんの究極のハイアーセルフとも言えます）の最終アセンションが完了した年であり、アセンションした新しいマクロ宇宙が誕生した年でもあります。

当初の高次の計画では、二〇〇一年までにこの宇宙のすべてのアセンションは、地球の三次元も含めて完了する予定であったので、この年から先の高次のサポートと努力は多大なものとなりました。

地球と人類のアセンションも、できるだけ早く宇宙全体の動きや高次に合わせていく必要があるため、アセンション・プロジェクトが組まれることとなりました。

二〇一二年までは、なんとか宇宙や地球のエネルギーバランスをとろうと、調整や努力が多く行われました。

特に二〇〇八年からは、トップ＆コアのアセンション・ライトワーカーの集中的な育成とサポートが始まりました。

「二〇一二年」

そしていよいよ二〇一二年！！！

※特に二〇〇一年から二〇一二年の十二年間には、これまでのすべての宇宙史と、そしてこれからの新しい宇宙の創造のエネルギーが含まれています。

※それがさらに、二〇一二年の十二カ月に凝縮され、二〇一二年十二月が、これまでの宇宙史の最初で最後のクライマックスとなります。

※そして二〇一三年からは、新しいアセンション宇宙のスタートとなるのです……！

では、まずはこの二〇一二年の、これまでの主な動きを観て行きましょう！

二〇一二年全体を通して、ここの地球と宇宙では、この年の動きに対する準備と、その実働をしていますが、同時に、宇宙の最高次（根源太陽神界）では、二〇一三年から先への準備＝新アセンション宇宙へのアセンションと準備をしています。

一年を通して観ますと、神界・高次と連動した動きには、いくつかの節目があります。
西暦や旧暦、年度の年末・年始などです。
細かくはさらにいろいろありますし、天体の動きなどとも関係しますが、地上でのポイントは「集合意識」のエネルギーとなります。

高次と連動したアセンション・ライトワークでは、おおむね、年始の一月から三月が一年の準備のエネルギーとなり、四月からの新年度が、新しいプロジェクトの始動のエネルギーとなります。

二〇一二年もこのように進み、特に四月には、二〇一三年（から二〇一六年）までの計画に必要なエネルギーが、根源神界からアインソフの十三次元を通して降りてきました。

そして皆さん、「二〇一二アセンション・プロジェクト」の、真の本質、達成すべきトップ&コアの目的・目標とは何だと思いますか？？？

それは、次のようなものです！

◎一定規模のアセンション・ライトワーカーが、二〇一二年十二月までに、十二次元までつながる！！！

ここの宇宙の、十二次元のアセンション・スターゲイトへつながり、その道を創る！！！

ということです！

そしてなんと！！！

◎それらのトップ&コアのアセンション・ライトワーカーのミッションは、二〇〇一年から二〇一二年の各一年毎と同様に、二〇一二年四月から十二月まで、各月毎の数霊の次元で、高次と連動しながら、集合意識とともに次元上昇していくことなのです！！！

これは、今回の宇宙史の、最終で最大の、待った無しの本番なのです。

その本格的な動きが、いよいよ二〇一二年六月から始まりました！！！

最初は四月後半に、二〇一二年最初の、この宇宙と地球のマル秘ミッションの勉強会が国内某所で行われ、約二百名近くが結集しました。

ここでは顔合わせという感じであり、六月からがまさに本番始動となりました！！！

※この四月と六月の主な内容については、本書巻末に、特別付録として収録いたします。

六月。二〇一三年へ向けた皆のアセンションの公式セミナーや勉強会も活発な中、第二回目の、ここの宇宙と地球のマル秘アセンション・プロジェクトの勉強会が行われました。

当日の午前中が、最も重要な動きとなりました。ファシリテーターのメンバーで、あるご神事を行いましたが、この時に、本書の前半でも述べてきた、ここの宇宙と地球の創始の二十四次元につながった（地球のトップ&コアの座標が移動した）ということなのです！！！

その日の午後、第二部が、国内のトップ&コアのライトワーカー（候補）たちとの本格的な勉強会となり、宇宙の高次とのコラボとなりました。

そして第三部の夜の、神域でのファシリテーターたちのワークが、集合意識のポータルとしての重要な働きとなりました。

具体的には、ライトワーカーたちの意識とエネルギーを十次元以上につなげるためのワークです。

そして中今！！！　こうした地上と高次と神界のコラボにより、日戸と地球の太陽化が進んでいます！

二〇一二年の最終のクライマックスは十二月ですので、その時の模様は、二〇一三年にまたお伝えしていきたいと思います。

「二〇一二アセンション・プロジェクトへの参加！」

ここまでの内容と動きから、二〇一二年アセンション・プロジェクトに真に参加するために、中今とこれから最も重要となること、ポイントとなることは何でしょうか？

それは、最も身近で、最も大切で、最もシンプルなことなのです！

本来、誰もが持っているもので、誰もが達成できることです！

真に参加すると、自身で明確に分かり、体感できることなのです！！！

そしてそれは二〇一二年の宇宙史最終のアセンション・スターゲイトを超えるために必要な唯一最大のものであり、二〇一三年以降の新たなアセンション宇宙の時空でも重要となっていきます！！！

本来は時間をかけて、皆さん一人ひとりに探求、発見していただきたいことなのですが、現在すでに二〇一二年後半となっていきますので、ここで大きなヒントと核心をお伝えします！！！

ズバリ、究極の『神聖』さです！！！

二〇一二アセンション・スターゲイト＝この宇宙のアセンション・スターゲイトを超えるための「条

件」とは、私（Ａｉ）が決めたものではありません（笑）。

実は、ここの宇宙と地球の宇宙神と地球神、根源神界の父性、そしてここの宇宙のアセンション・スターゲイトの天界における（表の）守護者であるロード・キリスト・サナンダが決めたことなのです！！！

これまで、根源神界の母性と太陽神界、そしてすべての高次のアセンション・プロジェクトのコアは、新アセンション宇宙への二〇一三プロジェクトへ向け、地上の神人候補＝日戸とともに動いてきました。

常に根源神界の中心＝母性＝太陽神界と、すべての高次とがつながって進められているのですが、アセンション・ライトワーカーであっても、真に地上セルフがそこへつながるためには、ここの地球と宇宙のアセンション・スターゲイトを、自力で超えていく必要があります。

そこで、ここの宇宙と地球の宇宙神と地球神、根源神界の父性とロード・キリスト・サナンダが、ここの宇宙と地球のすべての存在を対象として、中今最新の、最終の「アセンション・スターゲイト」を設置したのです！

『神聖』というアセンション・スターゲイトを！！！

※『究極の神聖さ』が二〇一二宇宙アセンション・スターゲイトであり、それを超えていく条件なのです。ここの宇宙と地球の地球神と宇宙神、根源神界の父性とロード・キリスト・サナンダは、「そうでなければ、新アセンション宇宙も、ここの旧宇宙と同じになってしまう」とおっしゃっていました。

では、「究極の神聖さ」とは何なのでしょう？　なぜそれが最も身近で、最も大切で、最もシンプルなことなのでしょうか？

実は「究極の神聖さ」は本来誰もが持っているもので、誰もが達成できることなのです。

なぜならそれは、宇宙の生命の本質であるからです！　私たちすべての本質であり、魂の本質です。

※ロード・キリスト・サナンダは、この宇宙のアセンション・スターゲイトについて、「自然界と子供たちは容易に超えていくことができる」とおっしゃっています！！！

そこに、すべての本質と秘密が込められていると思います。

「幼子のような魂でなければ、天国の扉を通ることはできない」という聖書の預言が、今まさに成就しようとしているのです！

こうして観てきますと、まさにそれが、二〇一二アセンション・スターゲイトであると実感します。

そして！！！　この宇宙アセンション・スターゲイトには、もう一つのとても重要な秘密があるのです！！！

それは、「アセンションの法則」そのものでもあります。

そしてそれは！！！　宇宙アセンション・スターゲイトが、中今の地球と宇宙そのものを護っている本源、根源でもあるということです。

本書の前半でも述べてきましたように、ここの宇宙と地球の創始の、究極のマル秘のエネルギーであり、その源そのもの、宇宙の生命の樹そのものなのです！！！

それが今、この宇宙の最終の大イベントに、復活したのです！

現在、この宇宙のすべての存在は、十二次元へつながるために急ピッチでアセンションを進めていますが、少なくとも二〇一二年十二月まで、ここの宇宙と地球で学ぶことができる時間と空間を維持するためには、二十四次元レベルのサポートが必要でした。

実際に、ここの太陽系内の惑星も、ポールシフトがかなり進んでいます。
実は、二〇一二年で地球で最もポールシフトの危険性が高かったのは七月でした。
そこで、重要な宇宙・地球のマル秘ワークは、七月の予定だったのが六月に繰り上げとなったのです。
ポールシフト前に、この宇宙と地球を二十四次元につなげるために！！！

そして二十四は、アインソフの中のマル秘の太陽神界連合（別名宇宙ヤタガラス）のマル秘の数霊でもあります。
現在はそれが旧宇宙、新アセンション宇宙の中で、広大なネットワークとなりつつあり、『太陽の騎士団』と呼ばれています！

そして力強く、皆さんのアセンション・スターゲイトへのシフトをサポートしています！

その存在は、太陽神界や太陽天界にいる、皆さんのハイアーセルフなのです！！！

――さて、真に二〇一二アセンション・プロジェクトに参加し、アセンション・スターゲイトを超えていくには、具体的にどうしたらよいのでしょうか！？

まずは、その最も重要な鍵であり本質であることは、（究極の）『神聖』であるとお伝えしました。

これについては各自が、自己の中今のトップ＆コア＆ＭＡＸで感じる『神聖』でＯＫです！　じっくりと真摯な気持ちで始められれば、必ず、何らかの探求が各自でできると思います。

これは中今のトップ＆コアの動きとテーマですので、まずはそのための土台を早急に創っていく必要があります！！！

それは今からでも、決して遅くはありません！！！

本書の前半の、「アセンションの準備」「アセンションの入門」などを参考に、すぐに始めていただくとよいと思います。

我々の高次と地上のアセンション・アカデミーでも、皆さん本格始動から数カ月で中今の動きにつながってきますので、大丈夫です。皆さんのハイアーセルフも全開となります！

「根源へのアセンションへ向かって！」

そして二〇一三年からが、いよいよ、新アセンション宇宙の新年となります！！！

先述しましたように、二〇一二年はその全体を通して、これまでの宇宙史が総まとめとなり、新アセンション宇宙を創造していく期間であり、その全体が十二次元への垂直の「次元上昇」であると言えます。

特に二〇一二年が宇宙規模で忙しいので、二〇一三年は温泉でお休み（！？）というわけではないですが（笑）、二〇一三年は、新アセンション宇宙の新年として、独特なエネルギーとなります。

二〇一三年全体を通して、根源神界の中心、新アセンション宇宙の中心であり、すべての日戸の根源である、根源太陽神界の母性性のエネルギーがメインとなります。

そして二〇一三年全体を通して、根源太陽神界から神人へのシフトに重要な、ＤＮＡの変容のエネルギー＝根源の皇（すめら）のエネルギー＝根源のフォトンが贈られてきます！！！

しかしそれを受け取るには、二〇一三年までに十三次元とつながり、根源太陽神界ともある程度はつながっている必要があります！！！

そしてもう一つ！！！　二〇一二アセンション・スターゲイト通過の鍵の、「奥の宮」とも関係していることがあります。

それがすなわち、『きみがよ（根源神界のマル秘のプロジェクト暗号名）』であるとのことです！

それは日本人として生まれてきたそのミッションの本質・本命とつながるものであり、天孫につながるものであり、皇（すめ）御親（みおや）につながるものであり、真の神人への神化につながるものです。

すべての生命の本源、根源の太陽につながるものです。

すなわち、集合意識のひな型としての日本人の、そのさらなるひな型のDNA、神人へ向けて、宇宙の創始からの皇のDNAとつながり、根源太陽神界とつながっていく、ということなのです。

ゆえに、それを持っていなければ、二〇一二アセンション・ゲイトへは行くことができても、その先へ進むことはできないのです。

その意志を持っていれば、進むことはできます。

それは本来、すべての日の本の人たちが、DNAに潜在的に持っているものです！　日本に生まれてきた、真のミッションとして！！！

それは、地球や宇宙を護ることももちろんですが、真の日の本の世界を創造するためのものなのです！

そして二〇一四年からは、再び、新アセンション宇宙のレベルにおける次元上昇のサイクルと連動していきます。

すべては中今の、高次と地上のコラボによりますが、大枠の計画やスケジュールのみ記していきます。

※二〇一二年までが、「第一段階」（高次では旧宇宙の終り）のアセンション・シーンで、二〇一六年までが「第二段階」です。

◎二〇一四年から二〇一六年は、新アセンション宇宙の新ハイラーキー（中今最新では『神聖白色同朋団』〈新アセンション宇宙次元のマスター方。通称新G〉と呼ばれます）レベルとのコラボを目指して、トップ&コアのアセンション・ライトワーカーは、実際に新ハイラーキー（『神聖白色同朋団』）の直接の指導を受けながら、学びを進めていきます。

各自の主な目的・目標は、実際にハイラーキーのちびちびマスターのレベルになることです。

同時に地上では、新アセシンションの宇宙の文明につながる、新しい地球文明の研究と創造が始動していきます。

◎二〇一六年から二〇二〇年が最も重要であるとのことです。ここの地球神と宇宙神の計画では、最終シフトは二〇二〇年とのことです。（楽しみですね！！！）

◎高次のアカシックでは、特にトップ&コアのライトワーカーたちは、二〇二四年には明確に二十四次元の波動へつながるとなっています。

以上が大枠での、ここの地球と宇宙を中心としたスケジュールです（高次のアカシックによる）。

二〇一三年から、高次では新アセンション宇宙が本格的にスタートしますので、トップ&コアのライトワーカーはその学びと実践をすることが中心となり、地上の物理次元の動きとは、直接的、本質的にはあまり関係が無いものになると言えます。

実はこれは、アセンション全般に関して言えることです。真のアセンションとは宇宙レベルの進化であり、宇宙の創始から無限の未来へつながっているものだからです。

真のアセンションとは、地上セルフだけのことではなく、自己の真の本体である、「魂」の永遠、無限の進化である、ということなのです！

本体のミッションを、地上で行うのが地上セルフなのです！

ゆえに、創始からの、そして永遠、無限の「魂」の進化がいかに重要で素晴らしいものか、感じていただけると思います！！！

そして常に重要なのは、様々な情報に翻弄されないことです。

最も重要な情報は、自己の内なる神、ハートと魂を通してやってきます！

一見理解できないような内容であっても、ハートと魂が「どう感じるか」が重要です。

愛と光を感じ、ワクワクを感じたら、それはＧＯサインです！！！

皆さんもぜひ、内なる愛と光の導きの下、宇宙史の大晦日の素晴らしいフィナーレを創造し、自らのアセンション・スターゲイトの扉を開いて、進んでいってください！！！

皆さんの内なる神＝愛と光のすべてのハイアーセルフと、そのさらなるハイアーセルフである愛と光の高次が、それを願い、応援しています！！！

第四章

アセンションＱ＆Ａ

この章では、我々のアセンション・アカデミーの公式セミナーやグループ・セッションといった勉強会からの、アセンションに関するQ&Aの最新のコンテンツをお届けします。

実際の事例や、様々なケース、そして様々な角度からのQ&Aですので、皆さんのアセンションにとても役立つと思います。ぜひ参考にしてください！

まず最初は二〇一二年三月に行われた、アセンション入門コースのまとめのグループ・セッションでのQ&Aを、ライブ感覚でお伝えします。

この頃は、皆さんが二〇一二アセンション・プロジェクトの準備の真っ最中で、アセンション入門コースを、懸命かつワクワクMAXで進めていました！

そして、入門コースに関する公式なグループ・セッションを、Q&A（公開質問形式）で行ったのです。アセンションとその入門コースに関する内容ならどんなことでもOKの質問事項のシートも、事前に各自でつくっていただきました。

※ただし、高次と地上のアセンション・アカデミーの重要なノウハウ・奥義の一つとして、高次が「カラスの法則（ヤタガラスがこの手法を行っていたと言われていることから、通称「カラスの法則」と喚ばれています）」と呼んでいる法則に、できるだけ基づいて行うものとしています。

それは、自分がつくった質問に対して、まずは自分自身がハイアーセルフと一緒に答えを出してみる、というものです。

それにより、ハイアーセルフとのつながりも、より強化されていくからです。

そして後半は、二〇一二年七月に行われた、アセンションの基礎コースのまとめのグループ・セッションのQ&Aです。

二〇一二アセンション・プロジェクトが四月から本格的に始動し、皆さんは、入門コースの中間の仕上げとして、「ハートセンター」の完全なる全開を目指しました。

五月は、五次元、魂、神界とのつながりを強化していきました。

六月にはいよいよ、アセンションの基礎コースと、二〇一二アセンション・プロジェクトの高次との連動とコラボが、本格スタートしました!!!

すなわち、集合意識と連動した、次元上昇の本格始動です!!!

そして第一弾の基礎コースの仕上げ、七次元ゲイトを通過する公式グループ・セッションを、七月後半に行いました。

この二〇一二アセンション・プロジェクトの本格始動にあたって、六月上旬の公式セミナーでは、高次からの予告として、「この高次と連動した基礎コースの進行にあたっては、高次からの莫大なサポートが来るので、皆さん大きくシフトしていくでしょう」とお伝えしていたのですが、まさにその通りとなりました！

皆さん、三月の入門コースの頃と比べても別人28号（笑）で、とても高度な課題とミッションであったにも関わらず、ほぼ全員が、超飛躍的な進化・アセンションとなったのです！

アセンションの入門　Q&A

二〇一二年三月　公式グループ・セッション「入門コース」でのQ&A

※別名タイトル：今さら聞けないアセンション！（笑）またはスッポン倶楽部！

（他のどこにも売っていない、超アセンション・ガイドブック！）

「ブリーフィング」（はじめに）

Ai：皆さんに事前に提出いただいた各自の中今のトップ&コアのテーマはだいたい共通しており、「エネルギーが真に分かるには？（チャクラの活性化の仕方）」と、「エネルギーを真に観るには？」などとなっています。

今回の入門コースのグループ・セッションは、重要な時期でありテーマでもありますので、個人セッション的に、できるだけ一人ひとりのためにも展開していきます。

さて皆さんは、「何々が分からない」というのはとても恥ずかしく、例えば基本的に聞こえるようなことを「今さら聞けない」と感じることが多いのではないでしょうか？

「分からない」というのは、実はハイアーセルフからの重要なサインなのです！！！

分からない＝恥ではありません！　特にアセンションの観点では、「分からないままにするということが恥」なのです！　分からないままにせず、常に探求する！　そしてそれを皆でシェアすることによって、皆のアセンションにも貢献する。

それが「アセンションの法則」であり、ライトワークであり、「名誉」となるのです！！

誰もが初めからすべてを理解しているわけではなく、分かるようになるプロセスそのものがアセンションです！　ぜひそうした気持ちで、果敢に進めてください。

今回のグループ・セッションは、皆にとっても重要なものとなります。

全員を代表して、ひな型として行われているからです。
皆さんのハイアーセルフによりますと、別名で「サンドバック」とも言うらしいです！

会場：（大爆笑！）

Ａｉ：皆さんも自覚し、納得し、ワクワクし、それが実際にミッションであると思っているようですね！？（笑）

アセンション・プロジェクトの「ひな型」。そして同時に「サンドバック」（スッポン倶楽部！）。
これがとても重要であり、イコールであるとも言えます！

では、Ｑ＆Ａを始めますが、いくつかの「アセンションの重要ポイント」についてもお話ししていきたいと思います。

まず最初は、

アセンションの重要ポイント：その1

重要→探求→実践

です！！！　これを常に意識しましょう！　例えば今この瞬間も、行うのです。これがなぜ重要か、どう実践するかなど、意識することですね。

そして、今回の皆さんからの希望テーマのほとんどは、「エネルギー」に関するものとなっています。「エネルギーとは！？」「どうやったらエネルギーを真に明確に感じられるのか！？」などですが、これまでにもお伝えしていますように、特に「エネルギー」に関しては、何百冊の本を読んだとしても知識だけではダメで、「実践」「経験」が大切です。

そして一人ひとりに適したノウハウがありますので、そのサポートは、ファシリテーターとの個人セッションなどを通して進めることをお薦めします。

「エネルギーセンターの活性化」や「明確にエネルギーを感じる方法」などは、アセンションにおいて、まさにすべての基礎となるものです。そして無限のレベルがあります！

例えば、エネルギーセンターである7つのチャクラは、人間、人体の基本であり、地球の7つのチャクラともつながっています。

日々のアセンション・ライトワークにも、直接つながっていくものです。

では、最初のQ&Aに入りましょう!

Q1:自分のエネルギーが分かり、相手のエネルギーが分かるようになるためには、まずは「コップの水を空にする」必要があると学びましたので、進めています。

以前、ファシリテーターとの個人セッションの時に、「今ここでコップの水を空にして下さい」と言われて実践してみると、一瞬で空になった、エネルギーが流れたように感じました。しかし自分一人だと、その感覚が曖昧になります。

明確に「空になった」と感じられない時も、空になっているのでしょうか?

Ai:「コップの水を空にする」、その由来は、高次の創始のアカデミーから伝えられているものであり、高次の学校で、実際に入学の初日に行われているものです。

マスターがコップの絵を描き、「あなたのコップを空にしてください」と言うことからきています。

この時の「コップ」とは、地上セルフという「器」の喩えなのです。

そのコップの中に、不要なゴミ情報やゴミ知識がいっぱい詰まっていると、真に高次のアセンションの重要なエネルギーや叡智が何も入らない、ということをマスター方は言っています。

※ちなみに、「たんなる知識」ではない「宇宙高次の真実」とは、それが「真実であると真に知っている」

状態である、と言えます。

Q1さんの質問と考えは、現在、いくつかの重要な要素がゴッチャになっていると思われます（笑）。

まずは一、「自分のエネルギーが分かる」。相手のエネルギーが分かる」ということについて。

これは、エネルギーセンター（チャクラ）の活性化と密接に関係しています。

次に二、「コップの水を空にする」ということについて。

これは、アセンションの重要な準備の「神聖化（神殿化）」と密接に関係しています。

この一と二の両方ともが重要で、アセンションの基礎となるものですが、コップの水を空にする＝エネルギーが分かるということではありません。Q1さんは、ここのところを混同していると思います。

二の「神聖化」は、一のための準備であり、すべてのレベルでも重要な基礎です。

一の「エネルギーセンターの活性化」は、「エネルギーが分かる」ための重要な基礎であり、無限に上のレベルもあります。

例えば、重要なワークやセッション、セミナーの時には、神殿化のワークを行い、不要な知識などを空にし、自身が、神聖なハイアーセルフと高次の神殿となることが大事なのです。

真のアセンションでは、不要なものは消えていき、真に重要なもののみが積み重ねられていきます！

「クリスタルの神殿化」は、とても科学的です。人体の約6割から7割は水です。

そして、水のエレメントが結晶化したのが水晶（クリスタル）であると言えます。

クリスタルの特性とは、「光を通す」「エネルギーを増幅する」ですから、自身を神殿化することにより、光やエネルギーをますます放つことができるのです。

そしてこれからは、「フォトン」に関するワークショップも、太陽神界とのつながり、太陽神界へのアセンションに向けて、ますます重要となっていきます。

皆さんのテーマも、Q1さんのテーマも、地上セルフとハイアーセルフの中今、共通テーマ&宿題となっていますので、その専門家になることを目指して！　ぜひ日々探求、実践していってください！！！

Q1：大変よく分かりました。ありがとうございました。

Q２：私の希望のテーマは「チャネリング」についてです。

まず、自己のエネルギーと相手のハイアーセルフのエネルギーを知り、たんに知識だけを与えるようなものとならないように、相手のハートを通じて対話をする。

特にこれからアセンションをしていく人たちに向けてはこれが大切だと理解しているのですが、正直、中々難しいと感じています。

まずは、入門コースの最初のステージであるエネルギーセンターの活性化！！

これしかないのでしょうね？

Ａｉ：チャネリングとは、分かりやすくいえば、ＴＶやラジオのように、「周波数を合わせる」ということです。これは、対象と「一体化する」ということでもあります。

相手がマスターや神様でも同じです。「アセンションの法則」の中で実践すれば、必ず何か感じるはずです！　意識を向ければ、つながるのです！　それが、チャネリングの第一歩となります（その実践や詳細なノウハウは、基礎コースの後半からとなります）。

入門コースでも、皆さんは一部その段階に入っています。

日々のアセンション・ライトワークを通して、すでにある程度のチャンネルができています。

そして「チャネリング」とは、通常は高次の存在からのメッセージを言い、Q2さんが言われているような、「自分のエネルギーを知り、相手のエネルギーを知り、ハートを通して対話する」は、通常はチャネリングとは言わず、エネルギーセンターの活性化であり、エネルギーの交流、コラボであると言えます。

例えば、アセンションのファシリテート（指導）で、相手のハイアーセルフからのメッセージなどを伝える時は、チャネリングとなります。

では皆さん、チャネリングの極意、重要ポイントとは何でしょうか！？

それはやはり、常に「意図」「目的」を明確にすることであると言えます！！！
それがまさに「アセンションの法則」であり、すべてがその中にあります。
「目的」に応じたサポートが、宇宙の高次から来るのです。
そしてその目的が、宇宙の高次の願いにかなっているほど、サポートも大きくなるのです。

エネルギーには、一方通行はありません。
エネルギーとは、対象との共振、共鳴、コラボなのです！

質問があるところには、同時に答えもあるのです。

だから答えが出るまで、常にワクワク探求してください！

真のチャネリングへ向けて、これが重要です。

最初は少し時間がかかるかもしれませんが、中今のベストの答えが出るまでやるのです！

それがハイアーセルフ、高次とのコンタクトへの最短となっていくのです！！

一か月くらい集中してやると、かなり進みます。

最初は数日かかっても、だんだん答えを見いだすまでの時間が短くなり、中今ライブとなっていきます！

そしてそれは、ぜひ、自己の中心であるハートと魂の神殿で行ってください。

ハイアーセルフとのコンタクトや高次からのメッセージは、最初は光のくもの糸のように、繊細に感じる場合が多いです。

ハイアーセルフ&高次は、皆さん一人ひとりそのものの延長で、とても自然なものです。

ハイアーセルフ&高次は、びっくりするような声で話しかけたり、びっくりするようなものを見せて、皆さんを驚かせたり、怖がらせたりしたいとは思っていません（笑）。

そして、受け取れるエネルギーの量、幅、レベルは、地上セルフの「器」の大きさ&レベルと正比例します！！！

ゆえに常に器を磨き、大きくし、レベルアップすることが必要なのです。

最初はくもの糸のように頼りないものであっても気のせいとせず、答えが出るまで、慎重にたぐっていく。最初は細いつながりが、だんだん太くなっていく！！

人によって、ハイアーのサインは様々です。

例えば何かの言葉、文字に目が行ったり、気になったり、何か音楽が浮かんだり、香りがしたり。

現在のライトワーカーの多くについては、最初の高次のコンタクトが「直観」（インスピレーション）であるケースが多いです。

本来はハートの活性化、エネルギーを感じることが先なのですが、宇宙から来たライトワーカーは、アジナーセンターなどが中途半端に活性化していることが多いからです。

しかし、地上でのハートセンターの活性化ができていない場合、インスピレーションだけではその情報が正しいかどうか分からないですよね。

それはハートと魂が中心となっていないからであり、インスピレーションは、主にアジナーセンターで受け取るので、脳の地上セルフの頭の考えと、区別がつかなくなるからです。

ゆえに、エネルギーセンター、特に「ハート」の活性化が重要なのです。

なぜならば、ハート・魂でないと、エネルギーを感じないからです。

愛と光のエネルギーを感じれば、その情報が高次から来ていることがすぐに明確になります！！！

Q２：大変詳細によく分かりました！

しっかりと学び、実践していきます。根源太陽神界と常にしっかりつながり、エネルギーを受信できるようになります。

スッポン倶楽部で楽しくがんばります！！

アセンションの重要ポイント：その2

※常に中今の自己のトップ&コアから、すべてを観ること！！！

何が一番重要で何が一番中心か。それの探求を、毎朝、そしてライトワーク前に、5分ずつ必ず実行する！

・自己の中今のトップ&コアのテーマは何か？
・地球の、そして宇宙の中今トップ&コアのテーマは何か？

などについて。そうすると、十倍早く、十倍のことが実現するようになる！

※それがアセンションの奥義でもある。

会場より：アセンションの真の切符とは何でしょうか！？

Ａｉ：ひとつだけ挙げるなら、それは【スッポン倶楽部の会員証】であると思います！（笑）道は必ず開けます！！！　求めよ、されば開かれん、です！！！

アセンションの重要ポイント：その３

「見えないエネルギーの世界（八十五パーセント）こそが大切！！！」

まだ、（高次のエネルギーが）「何も見えない、何も聞こえない」と思いこんでいる人がいます。それがなぜかについては、「天の岩戸開き」の本にも詳しく書かれていますので、今一度、じっくりと読んでください！

明確に言いますと、特に根源家族（根源のアセンション・ライトワーカー）の皆さんは、ハイアーセルフが、高次での視力・体感力を、主に「五次元以上」のレベルに設定しています。

それ以下のエネルギーには、反応しない、近寄らないようにしています（だから皆さんは今、ここにいるのです）。

ゆえに、地上セルフをしっかりと、そこまで上げていく必要があります。

フォトンなどは、すぐに観えるようになりますし、根源神界や高次の根源家族のエネルギーも、かなり体感していると思います。

そして、皆さんはまだまだ、「三次元の目と耳」が中心のクセがついています。

どのようなコミュニケーションでも、三次元の目と耳によるものは、全体の十五パーセントくらいにしかならず、ほとんどは無意識下での、八十五パーセントの目に見えないエネルギー世界でのやりとりなのです。

その見えない八十五パーセントこそが重要なのです！！！

その練習のために有効なツールも、これから基礎コースへ向けてどしどし案内していきます。

アセンションとは高次の世界ですから、肉眼には見えない八十五パーセントの世界なのです。

そしてそれは、ハートと魂でのみ、真に感じることができる世界なのです！！！

今一度、そのことをしっかりと認識してください。

一人ではなかなか大変ですが、ファシリテーターのサポートがあったり、皆でコラボするとより大きなエネルギーとなります。

アセンションの重要ポイント：その3のまとめ

※目に見えない、耳に聞こえない、八十五パーセントのエネルギーの世界こそが重要！！！
※ハートと魂で観る、聴くことが重要！！！

そして皆さんは、かなり実際に観えているし、感じているのです。

エネルギーセンター（チャクラ）などでのエネルギーの感じ方や感じる度合いは訓練次第であり、活性化の度合いと正比例します。

皆さんはまだまだこれからであり、少ししか活性化していません。その場合は、ダイレクトに、ハートセンターなどでエネルギーを感じることは、あまりできません。

さきほどのチャネリングでの説明のように、主にアジナーセンターでのインスピレーションに頼っていることもあると思います。

奥義は、「イメージ」です。皆さん、これは必ずやっていますし、できます。

初対面の人でも、五分程度あれば、何かイメージがあると思います。絵にも描けると思います。

好きな色や、服の色なども、多くはその人のエネルギーを表していることが多いです。

一般の人はまだあまりエネルギーが出ていませんが、ライトワーカーの場合は、それがかなり現れていて、分かりやすいと思います。

アセンションの重要ポイント：その4

イメージできれば、エネルギーは観えている！！　感じている！！！

ただし、真偽はやはりエネルギーですから、ハートと魂を活性化して、愛と光をダイレクトに感じ、相手と相互作用していく必要があります。

Q3：私の中今のメインテーマは、どうやったら「エネルギーを感じる」ことができるのか！？　についてです。

Ai：だいたいこれまでのテーマや説明と同じですね。

「ハートの活性化」＝「愛を感じる」についてですが、エネルギーの法則は、すべて、「対象との相互作用」「コラボ」です。

自分一人で何かしよう、何とかしようと思っても、なかなかうまくいきません。

また、これまでの地上の一般社会では、（これも、一種のアセンションへの妨害かと思いますが）どちらかというと「愛」や「感動」、生命の本質的なエネルギーから遠ざかるような流れになっていたと思います。

ですから現実の地上の社会では、なかなか実践できず、小説の中や映画の中だけ、非現実的なもののように捉えられがちですね（笑）。

アセンション・ライトワーカーは、常にその「愛」、「感動」、生命の本質的なエネルギーがトップ＆コアであり、その中にいますが。

根源のライトワーカー家族は、そうしたエネルギーがある程度活性化していますから、互いのコラボと実践と、ライトワークとして、人々、地球、宇宙に愛を贈るのがベストですね！

また、個々の練習としては、身近なところから始めるのもいいです。

ハートが活性化するものなら何でも！

子供、孫、ペット、自然等々に愛をもって接すること。

また、ハートがウルウルし、魂が感動する小説、映画を楽しむこと。

その状態が、ハート・魂が活性化している状態であり、ハート＆魂のエネルギーを感じていることです！

その感覚を覚え、固定化し、常に持てるようにしていくことが重要です！！！

アセンションの重要ポイント：その5

身近なツールも活用して、ハートの活性化！！！

Ｑ４：地上セルフとハイアーセルフとのギャップをまだとても感じます。しっかり時間をとって、クリスタルの神殿化の瞑想をしたり、ハートを活性化したり、その他必要なスキルの勉強をすることでそのギャップを埋められるのでしょうか？

Ａｉ：「地上とハイアーセルフとのギャップを感じる」ということは、ハイアーセルフのエネルギーについても、ある程度感じているということですね！

そのための対策として「クリスタルの神殿化の瞑想、ハートを活性化、その他必要なスキルの勉強」が思い浮かぶというのも、ハイアーセルフからのメッセージであると言えます。

Ｑ４さんの地上セルフは、地上セルフとハイアーセルフが別物だと考えているようです。分かりやすいように分けて表現する場合が多いですが、メタファーとしてであり、別物ではありません。

地上セルフって何でしょう？　ハイアーセルフって何でしょう？　じっくり探求してみてください。自分って何でしょう？　肉体？　脳みそ？　違いますよね。心？

「コップの水を空にする」の話のように、地上セルフ＝肉体とは、ハイアーセルフの「器」、神聖なる「神殿」であると言えます。そういう意味では、空っぽですね。

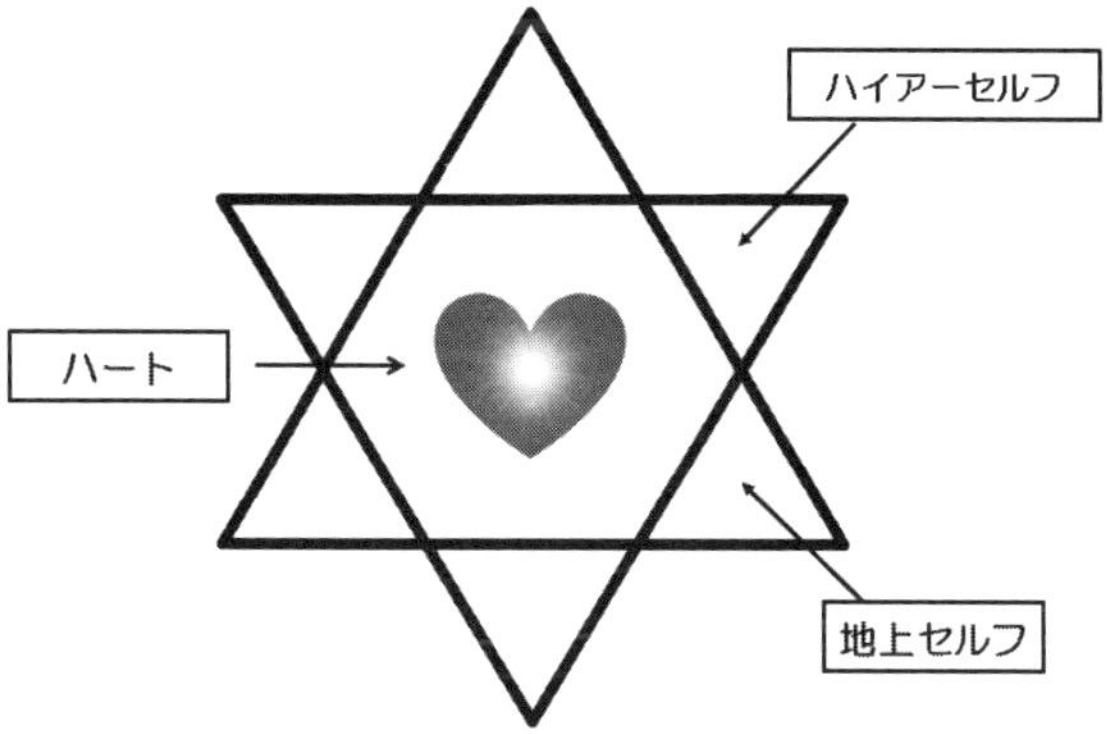

そしてその中身＝真の自分、永遠の自分がハートであり、魂であり、ハイアーセルフ！

そして、地上セルフとハイアーセルフが真につながる、唯一最大のゲイト！

それが「ハート」なのです！！！

地上セルフとハイアーセルフは、上図の六芒星のように、ハートを中心としてつながり、ハートで一体となります！！！

Q４：（まだ地上セルフが「ハテナ」という感じ）

Ａｉ：まだ地上セルフがハテナという感じのQ４さん！（笑）

Q４さんの主な過去生の分身は、そのほとんどが、神殿の巫女さんでした。ゆえに、巫女として、器としての状態が潜在的にあり、自然とそうなっています。

そしてアセンションとは、この六芒星の図のように、地上セルフがハートを中心に真に進化して、ハイアーと一体となっていくことであると言えますので、今生は、まずはその訓練が必要となります。ファシリテーターと、どしどし進めていきましょう！

そうすると、ハイアーセルフから来ている重要なメッセージやエネルギーを、しっかりと感じ、翻訳していくことができるようになるでしょう！

Q４さんのハイアーセルフは、今、これを一番、地上セルフに伝えてほしいとのことです。

Q４：地上セルフもとても納得しました！！（笑）大喜びです！！

Q５：エネルギーセンターの活性化の重要性を、最近すごく実感しています。

先日の担当ファシリテーターとの個人セッションでも、「自己のチャクラのエネルギーと、地球のチャクラのエネルギーを対応させられるようになることが、入門コースのエネルギーセンターをマスターする際の目標」というお話がありました。

基底の赤のエネルギーはなんとなくわかると感じます。しかしオレンジ、黄色、緑、青、紫のエネルギーを感じ分けるのが、私の場合はまだ明確でないと感じています。

自分のチャクラの活性化が真に進めば、自分のチャクラに反応してくるエネルギーが何か判断できるようになり、人や地球のエネルギーの活性化に役立つということなのだと思います。

自分のチャクラの活性化に必要なのは、色をリアルにイメージする力と、微妙な違いを感じ分ける繊細さだと思います。

イメージ力や繊細さを鍛えるために、皆と一緒に練習することもとても有用であると感じます。


Ａｉ：Ｑ５さんの自己分析と考察は、だいたいその通りだと思います。

入門コースのエネルギーセンターの活性化については、特に四月からの二〇一二アセンション・プロジェクトの本格始動までにしっかりと自習してください！

公式セミナーで、全員のコラボによるワークショップも行う予定です。

また、根源アセンション・ライトワーカー家族のコラボだと、エネルギーも大きくなりますので、体感しやすくなります！！

さて、Q5さん&皆さんへ、アセンションにおけるすべての【極意】として、ハイアー連合から、今、伝えてほしいメッセージとして、次のものが来ています。

それは、すべてが「アセンションの法則」、アセンション＝ライトワークである、ということです！！！

すべては（特に高次から観て）目的、意図、「なぜ必要か」が重要である、ということです！！

それにより、高次連合全体の動きも決まります！　エネルギーも動きます！！

目的・目標が決まれば、ノウハウやその達成方法も分かるのです！！

そして、アセンションの法則について、その最も分かりやすい観点とは、皆の『役に立つ』ということです！！！

根源のアセンション・プロジェクト全体、そして根源ライトワーカー家族全体と一人ひとりに、どのように役立つか！？　ということなのです。

常に、すべてをこの観点で進めていくと、すべてが明確になっていきます！！！

そうすれば、常にエネルギーが動きます！！！　そして愛の法則となります！！！

二つめの【極意】としての観点は次のようなものです。

アセンション・ライトワーカー（候補）のトップ＆コアの人たちは、前述のように、元々潜在的に「五次元」以上にフォーカスを絞って、地球の日本に来ています。

ゆえに、一つひとつの光線よりも、元々、統合された根源の神界の光、フォトンをより早く感じることができます。

ですが、人々のアセンションのサポートには、一つひとつの光線についての学びも重要となりますので、基礎コースを通してもしっかりと行っていきます。

そして三つめの【極意】は、「ワクワク」です！！！

アセンションの法則、アセンション＝ライトワークとは、自己のハイアーセルフが最もやりたいことであり、究極のワクワクなのです！！！

アセンションの重要ポイント：その6

むずかしく考えず、常に楽しむ！！！


Q6：私の中今のテーマは、「いかにして根源神界へ常につながるか！？」です。

そのためには、まずは入門コース、基礎コースの各ステージをしっかりマスターする。

自己のハートのマスターになる。

ハート＝愛の全開MAXを確立する！

純粋で神聖なるクリスタルのポータルになる！

自分だけ愛全開MAXになるのではなく、皆のハートの全開へ向かってもサポートできるようになっていく！

根源ライトワーカー家族の愛と絆を深める！

常に根源のアセンション・プロジェクト全体の動きを認識し、自己のトップ＆コアのテーマを掴んでいく。

そして実働する。実働することにより、自己のゆるぎない愛の意志、愛の確立となって、高次からも信頼され、サナンダ先生＆モリヤ先生のサポートも受けることができるようになる。

エネルギーとスキルの学びを深める。

すると、地上セルフが上昇したところまで、ハイアーセルフが降りてくることができる。

このような実践を通して、アセンションのファシリテーターを目指していけば、自ずと根源神界にフォーカスして、常につながることができるように感じます。

そして高次とＡｉ先生が開いてくださっているアセンション・ゲイト、ハートのゲイトを、我々も全開にすることによって、受け取ることができると思います！！

このように自分なりに考えてみました。

Ａｉ：皆さんの今回のレジュメは、ほとんどすべて、地上セルフがまずはテーマを出して、そして同時にハイアーセルフからの答えもすでに自分で書いているんですよね！（笑）

会場：（大爆笑）

Ｑ６さんからのこの内容は、だいたいその通りだと思います。

全体的にも、すでに、このテーマに対するマスター・モリヤ＆ロード・サナンダからの答えとメッセージとなっています。」

同時に、Ｑ６さんの地上セルフとハイアーセルフの「言挙げ」ともなっています！

そして、マスター・モリヤとロード・サナンダから今来ている、中今のメッセージは、とても明確です！！！

アセンションの重要ポイント：その７

『つながれば、つながる！！！』


すなわち、あなたがつながろうと思えば、我々はいつもここにいますよ、待っていますよ！　ということなのです！！！

「チャネリング」についてのＱ２の所も、じっくり検証しておいてください。

そして、根源太陽神界ともつながれば、いつもそのつながった状態になります！

常に「一体化」します！！！

根源とつながるということは、根源のアセンション・プロジェクトとつながることになり、宇宙の動きと一体化していきます。

Q6：はい。ありがとうございました！！！

Q7：私はファシリテートも担当していますので、テーマは、「チャクラ（エネルギーセンター）についての詳細と活用」でした。やればやるほど、まだまだ知らないことがたくさんあることに気づきます。そして私が担当している方のハイアーセルフも、とても急いでいると感じましたので、このテーマとなったわけですが、これまでの皆さんからのテーマに対するＡｉ先生からのお話で十二分となりました！！

Q8：最近、メンバーからのアセンション・ライトワークのプランのヴィジョンがアカデミーでシェアされていますが、読んで、とてもワクワクしています。
アセンションにより創られていくワンネスの世界！！　どんなに、素晴らしい世界なのだろう、と！

そして、そのような全体と自己のヴィジョン、アカシックを、どうしたら読みとれるようになるのだろう？　と思いました。

私はまだ目の前のことでアップアップで（汗）、アセンションのヴィジョンと計画がしっかりと立てられていなかったことに気づきました。

そこで中今のテーマが、「アカシックを読みとるには！？」というものになりました。

ハートセンターを活性化した上で、アジナーセンターが活性化すると、アカシックが分かるようになるのでしょうか？

そのためには、クリスタルの神殿化や、エネルギーセンターの活性化、そしてハイアーセルフとのコンタクトのワークを実践していけばよいのでしょうか？

目の前のことにアップアップするのではなく（笑）、全体を見通せるようになりたいです。


Ａｉ：大枠では、Ｑ８さんがハイアーセルフから受け取っておっしゃっている通りだと思います。

まずトータルで言えますことは、アカシックとは、「高次の計画」である、ということです。

我々と高次が、「中今」で、コラボで創造していくものです。メイキングオブのコラボです。

ただ待っていれば、何かが起こる、誰かが何かしてくれるというような他力本願ではなく、根源のアセンション・プロジェクトを実践していく高次（ハイアーセルフ）と地上のライトワーカーの、毎瞬の一挙一動にかかっているのです！

まずはその認識を、皆さんが持つことが重要です。


そして、中今のこのテーマについては、特にQ8さんが属する主なハイアーセルフ連合から、特別なメッセージが来ています！！！


それはまずは「アカシック（レコード）とは？　いったいなんぞや！？」というものであり、まずはこの探求が重要！というものです。

これはとても高度なものであり、目的に応じて、観方、説明が無限にあります。

皆さんに最も分かりやすい、そして最も本質的な、「アカシックとは！？」。そしてアセンションの【極意】の1つであり、真の「中今のアカシックの実体」とは！？　一言で言うなら……。

皆さんのハイアーセルフ連合によりますと、それはイコール、「ハイアー連合」そのものであるそうです！！！（笑）

たしかにその通りだと思いますし、皆さんもだいたいイメージが湧くのではないかと思います。

ハイアーセルフ連合は、すべてを知っています。

そして宇宙は、始まりから終りまで、その姿は変わっても、すべてのエネルギー、すべての次元、すべての情報は、同時に、どこかにあると言えます。（エネルギー保存の法則、E＝mc2のように）。

これがアカシックの概念であり、記録の図書館というのも一種のメタファーでもあります。

しかしアカシックにも、いくつかの法則があります。これまでにもよくお伝えしているように、高次からのエネルギーや情報を受け取っても、「知らない単語と知らないレベル」は決して理解できないし、翻訳もできない、ということなのです。

受け取れる情報と波動とレベルは、地上セルフの波動とレベルに正比例する、ということなのです。

ですから、常に知識の幅を広げ、スキルと波動のレベルも高めていくことが重要であるということですね！

そしてもうひとつ、それらのすべての情報管理は、「ハイアーセルフ」が行っていると言えますから、「中今必要かどうか！？」も、重要な観点となっています。

映画の「ネタバレ」のようなことは、ハイアーセルフはしないからです（笑）。

ですので、やはり宇宙の法則、アセンションの法則に基づいて、目的・意図、何のために、皆のアセンションのために、が重要であるということですね！！

アセンションの重要ポイント：その8

必要は産みの母！！！

Q9：私の中今テーマは、「エネルギーを真に出す」とはどういうことか！？　そのためにはどうしたらよいのか！？についてです。

私は、自己と宇宙の根源とのつながりを深める、ライトワーカーの皆ともコラボする、できることから進めていく、ということかと思いますが、身近で、アセンションに関心がある人たちにもアセンションについてお話ししていきたいので、特に今、「真にエネルギーを出すには、出すとは！？」について、しっかりと理解したいのです。

Ａｉ：「真にエネルギーを出すには！？」それについて、Ｑ９さんと皆さんのハイアーセルフ大連合から、「出せば出る〜〜〜！！！」という、大音響のコールが響き渡っています！！！

会場：（大爆笑）

Ａｉ：そして、「すでに十分に出ているんじゃないですか？」と！（笑）

メンバーの皆さんからの目撃情報も多々あります。ミッションに燃えている時、ハイアーセルフ連合のポータルとなっている時などに、Ｑ９さんから莫大なエネルギーが出ている、と！

そしてこれはＱ４さんと一種同じテーマであり、Ｑ９さんも、元々チャネラー的な体質なので、二十四時間潜在的に、気づかずにチャネリング状態となっていることが多いのです。ですから今回のテーマは、地上セルフのみからの発言ですね（笑）。

そうしたことを明確に認識していく必要がありますので、さきほどの自分で探求した方法＝ハイアーセルフからのメッセージを元に、実践をどしどし進めて、検証していってください。

やはり重要なのは「アセンションの法則」です。ライトワークに必要なことは、どんどん明確にしていく必要がありますし、地上セルフがその意志を持てば、必要なエネルギーは必ずサポートされます。
そしてQ9さんは体質的に、常に高次のポータルとなっているので、その状態の明確な分析ができていないだけでしょう。

Q9：とても納得しました！！！

アセンションの重要ポント：その9

「エネルギーは、出せば出る！　つなげればつながる！」

Q10：「天の岩戸開き」の本の内容や、神界についてはだいたい理解できると思うのですが、特に入門コースの「エネルギーが分かるようになる」状態を確立するまでの過程では、たくさんの課題があることに気づきました。

Ai：Q10さんは、今回地球に来る直前までの学びとハイアーセルフが、どちらかというと神界系ですね。

一線のライトワーカーの皆さんを観ると、大枠では元々が神界系と天界系、約半々であると言えます。

これはどちらが得意かで、自分でも分かると思います。

そして今回地球で学び、成し遂げていくトップ&コアのアセンションと実働では、根源を中心に、すべての統合となっていきます！


今、特に皆さんの究極のハイアーセルフ連合＝根源神界からは、次のようなテーマとメッセージが来ています。それは次のような「マルテンとマルジュウ」で表されます。

これについても「天の岩戸開き」に詳しく書かれていますので、じっくり参照してください。

神界は、どちらかというと「マルテン」のエネルギーで表されると言えます。

全体であり、全体の中心。

「マルジュウ」は、どちらかというと天界のシステムを表します。


Q10さんのように、元々が神界系の人は、これから幅、大きさ、次元を高めていくには、マルジュウの強化も必要であるというメッセージが来ています。二つが重なると、「マルテンジュウ」となります。

また、この縦軸、横軸とその中心は、根源と根源ライトワーカー家族の愛とコラボの中心となります！！

こうした観点は、アセンションのファシリテーターとしても、リーダーとしても、コーディネイトなど

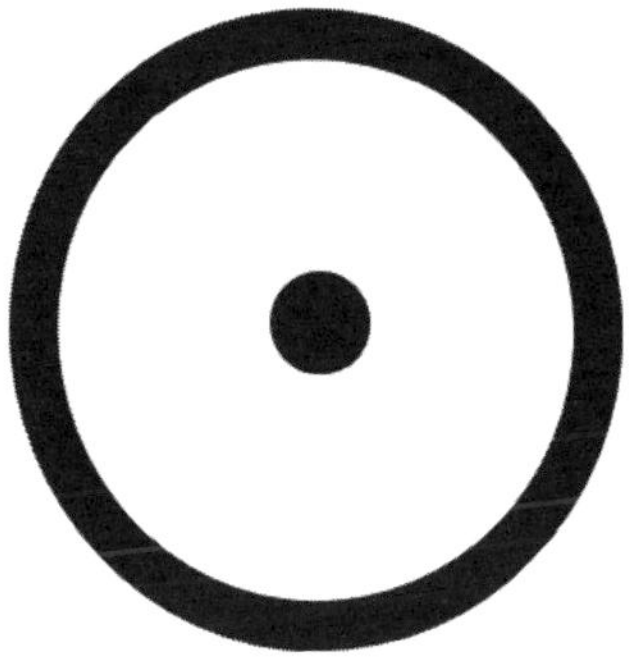

マルテン

マルジュウ

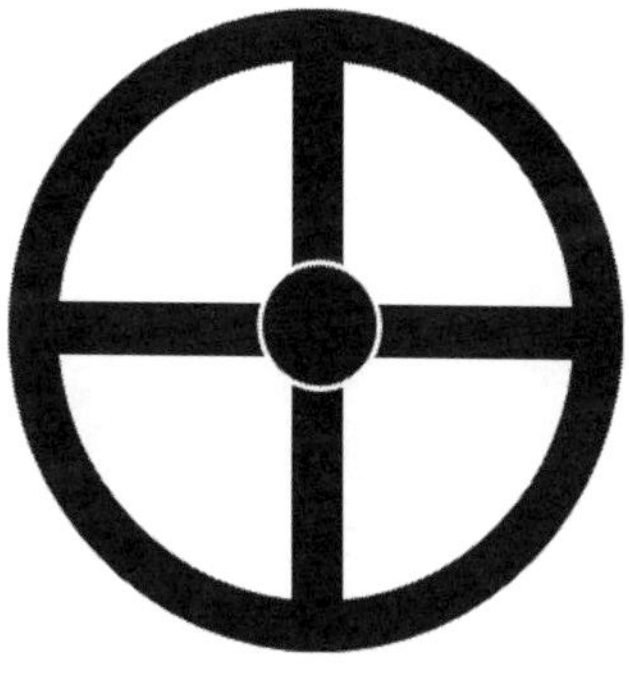

マルテンジュウ

の事務局学としても、重要なものとなっていきます。

Q11：皆さん全員共通と思われる、ハートの完成についてなのですが、「二十四時間、ハートと魂で考え、行動するとは！？」がテーマです。

これについて理解はできるのですが、感覚では今ひとつ分からないので……。

Ai：「感じる」が抜けていますね！「ハートと魂で感じ、考え、行動する！」。

そして「理解はできるが感覚では分からない」というのは、頭だけの理解、アジナーだけの感覚であり、ハートと魂が中心となっていない、ということです。

二十四時間常に、意識を中心＝ハートにフォーカス！！

ハートと魂で感じ、考え、行動する！！

そのための理解＝情報を、必要に応じてサブで、サハスラーラ（頭頂のチャクラ）、アジナー（額のチャクラ）から受け取る、ということなのです。

ハートと魂は、直接自分のハイアーセルフにつながっていて、アジナーやサハスラーラは、その他のハイアーセルフ連合につながっていると言えます。

ですから、まずはハートと魂が中心、そして「感じる」が中心となります！！

ハートの愛、魂の感動のエネルギーを感じたことがない人はいませんから、分かりますし、できますよね！！

また、これまでにもお伝えしていますように、Ｑ11さんも、皆さんも、本来のハートと魂＝ハイアーのセンサーは、とても素晴らしいのです！！！

（だから今ここの、根源アセンション・ライトワーカー＆プロジェクトにいるのですから！！！）

これまでの地上の生活では、不要なエネルギーを感じないよう、センサーを閉じていたと言えます。

そして今！　が、まさに全開の時ですね！！！

中今とこれからが、根源太陽神界からくる根源のＤＮＡ変容のエネルギーも、ますます大きくなっていきます。

また、アセンションの重要ポイント：その4の所でも「イメージできれば観えている！」というお話をしましたが、宇宙の高次の科学の真理として、「想像＝創造」である、ということなのです。

ですから、何か想像している時には、皆さんは、「実際にそのエネルギーも創りだしている」のです！

そしてそのエネルギーを、宇宙中に贈っているのです！！！


ですから、ライトワーカーとしての「創造の責任」があるのですが、愛と光とワクワクMAXの宇宙を、皆で創造していきたいですね！

アセンションの重要ポイント：その9

「想像 ＝ 創造」

以上が、二〇一二年三月に行われた、入門コースにおける公式のグループ・セッション、公開Q＆Aの主な内容です。

その他にもたくさんのQ＆Aがありましたが、共通しているテーマが多いので、主なもののみとし、中今とこれからの皆さんに、より有用なものを抜粋しました。

ぜひ参考にしていただいて、役立てていただけますと幸いです！！！

アセンションの基礎　Q&A

二〇一二年七月　公式グループ・セッション「基礎コース」Q&A
●アセンションの基礎の第一弾の仕上げ！
●地球のゲイトを超えて、いよいよ太陽系アセンションへ！

「ブリーフィング」（はじめに）

Ai：今回も事前に、皆さんからアセンションの基礎コースについての中今テーマを出していただいていますが、三月の入門コースの時のQ&Aと、自分自身を、そして全体を、ぜひ比べてみてください！

この短期間で、皆さんがどれほど進化しているか！！！

やはり、高次と皆さんのハイアーセルフからの預言の通り、二〇一二アセンション・プロジェクトとしての基礎コースの全体コラボは、とても大きな進化となり、超重要でしたね！！！

そして各内容の詳細の詰めと完成へ向かって、アセンションのちびちび・マスターへ向かっての本番は、二〇一四年からとなります！！　各自の詰めも、随時、行っていってください。

では、アセンションの基礎コースの公開Q&A&コラボをスタートします！

Q１：現在、私はファシリテートも担当しており、その中からの中今テーマですが、「高次とのコンタクトと、その純粋なチャンネルについて」です。

Ａｉ先生は「究極ではすべてが根源神界の元に統合されているので、根源へつながっていくほど、すべてが一つ、ワンネスとなっていく」と、よくお話しされています。

だから、真に高次につながるほど、そのソースも統合されたものとなっていく、と。

そしてそこへ向かうプロセスにおいては、例えば純粋なロード・サナンダ、ロード・モリヤそのもののエネルギーも、一つひとつしっかりと感じ、その純粋なエネルギーの学びも重要であるとおっしゃっています。

まさに一つひとつのエネルギーを純粋に知ることが、すべてのチャンネルのベースになると思いますので、まずはそれを確立する必要があり、そのスタートとしては、純粋な自己のハイアーチャンネルにトライすることが重要であると思います。

ここには入門コースも大きく関係しており、重要な準備となっていたことが、今、とても明確になってきたと感じました。

Ａｉ：その通りですね！　七つの光線、エネルギー、チャクラをベースとする、一つひとつと全体のエネルギーに関するマスター。それがすべての基本となると思います。

高次のマスターとのコンタクトへ向けても同様です。

本当に基礎がしっかりできると、無限の応用となっていくのです！！！

そしてQ1さんは、明確にはおっしゃっていませんが、ハイアーセルフからのメッセージを翻訳してみますと、本当に今聞きたいことは、まずは「統合されたエネルギーと、各部のエネルギーについて」（その違いの詳細）であり、やはりどうも一つひとつの個別のソースのチャンネルの存在は苦手に感じる、それはなぜか！？　というものだと感じますが、いかがでしょうか？

Q1：（笑）その通りです！

Ai：宇宙のあらゆるすべてはエネルギー！　宇宙のすべての高次と愛と光の存在の、一つひとつのエネルギーはどのようなものかという探求がベースとなります。

そのいくつか、あるいはすべてが統合された時に、どのようなものになるかという探求ですね！　そしてなぜ、個別のエネルギーの違いの詳細を感じることが、皆苦手と思うのかについてですね。

まずトータルで観ますと、入門コースでの公式Q＆Aにも関連する事項が少し出てきましたが、皆さんのハイアーセルフは、明確に言いますと、今回のトップ＆コアの目標を、明確に「根源太陽神界」（につながること）に定めて、地球に来ています！

ですから皆さんのハイアーセルフは、本当は、それ以外は目もくれたくない！　フォーカスしたくないんですね！！！（笑）

会場：（笑）

Ａｉ：ですから皆さん、ある日、いくつかの重要なキーワードなどで目覚め、まだ本格的なアセンションの学びを始めたばかりでも、意外とすぐに、神界のトップ＆コアへとつながっていきます。

これは、皆さんの心が、魂が、とても純粋で美しいからであり、ハイアーセルフのポータル（器）となっているからです！

天然すぎて、ハイアーセルフの自動操縦！？　になっている人も多いですが（笑）。

会場：（笑）

Ａｉ：天界系の人は、ハートセンターや天界について、ある程度スームズに理解できますし、神界系の人は、魂やフォトンのエネルギーを掴みやすいです。

そして、さきほどのハイアーセルフの「トップ＆コアの目標」は皆同じで、これまでの宇宙史で取った単位が少し違うだけで、ゴールは同じであると言えます。

さらに、これまでに進めてきた入門コースや、今進めている基礎コースの内容は、特に地上セルフにとって、真にハイアーセルフや高次につながるために重要であり、人々のアセンションのサポートのために、必要不可欠な内容なのです！！！

それを地上セルフがしっかり認識すると、より進んでいくと思います。

すべての原動力は愛！　そして必要は生みの母ですね！

ハイアーセルフから観ると、めんどうくさいと感じることでも、こうした認識で、しっかり進めていく必要があります。

そしてそれが「本当にエネルギーが分かる」ようになるのにとても大切なことなのです！！！

必要は生みの母！　そしてすべては「アセンションの法則」！！！

確かにすべての中心は根源神界であり、それがメインとなって進んでいますし、すべては自己のハイアーセルフやそのネットワークを通して行われますから、その時点ですでに、エネルギーは複合的なものになると言えます。

一つひとつのソースのチャンネルの波動と純度を高めることももちろん重要ですが、すべては中今のTPO（時、場所、場合）＝目的によるのです。

実際に、特に二〇〇一年以降は、愛と光の高次はすべてがワンネスとなっていますので、真に中今の高次につながるほど、個別のソースにアクセスしようという方が難しくなっていきます。

その唯一の例外は、根源神界です。すべての根源であり、中心ですから。

また、例えばアセンションのコンテンツなどを創っている時に、高次とコラボで進めていくと、実際にいくつかのソースのコラボとなっていくことに気づいた人も多いと思います。

しかしそのソースの表記を「いろいろな連合です」（笑）と書くよりも、代表的なソースを記した方が、特に初心者へ向けては分かりやすい、ということなのです。

このように、やはりアセンションの入門コースは、すべての原点であると言えます。

そしてエネルギーというテーマは、始まりであり、無限!!! 本当の意味での地上セルフのマスターは、二〇一四年からが本格スタートとなります。

特に二〇一三年までは、高次の動きが大きいので、まずはハイアーセルフにしっかりとつながり、その純粋なポータルとなっていくことが、究極のアセンションへの最短・最大の効果です!!!

Q2:六月のある勉強会で、「(アセンションの)資格のない人を助けるのは、宇宙の法に反する。差別はしないが区別はする」とお聞きしましたが、資格のない人とはどのような人のことを言うのでしょうか? 私の周りに資格のない人は一人もいないと思うのですが……。

そこでハイアーセルフとのQ&Aで、次のように考えてみました。

今回の最終、最大アセンションとは、全宇宙の運命を懸けた根源のプロジェクト!

そのひな型となるライトワーカーがアセンションに成功することで、多くの魂が、永遠・無限のアセンションを目指すことができる!

今回の宇宙最終、最大アセンションを成功させなければ後がない!

だからこそ今私達がやるべきことは、自分が根源太陽神界のポータルであり続けることのみ。私は、遍《あまね》く照らすちび太陽としてあり続けます！

ゆえに資格がある人とは、根源神界の元、宇宙のひな型として、太陽系を宇宙の中心、「皇の星」に引っ張っていくトップランナーのことであり、その役目を宇宙創始の頃より志願したのが、根源のライトワーカー！！！

Ａｉ：私はこのような表現（資格があるとか無いとか）はしませんが、明確で分かりやすいと思います。

私の表現で言いますと、「資格がある」人とは、地上セルフとハイアーが明確に「アセンション」に参加する意志があり、その努力をしている人、ということです。

資格がある・無いという表現よりも、参加するか否か、という感じであると思います。

これまでのセミナーでもお話ししましたように、宇宙全体のアセンションを可能な限り成功させる唯一最大の方法とは、百一匹目の猿ならぬ百一人目の神人の形態場の理論であると言えます。

すなわち、ライトワーカーが、集合意識のＤＮＡである日本人の、さらにそのＤＮＡとなることであり、その成果を全体に伝えるということですね！

Q2さんの、ハイアーセルフとのQ&Aの内容は、とてもよくできており、地球神、宇宙神からのチャンネル・メッセージという感じですね！！！

Q3：アセンションの中今最新の基礎コースで最も重要なのは、ハイアーセルフとのコンタクトであり、それは自己のミッションを遂行していくために、宇宙意識となること。

そして自己のハイアーセルフのネットワークを知り、その完全なポータルとなって、常に高次とのコラボをしていくことが必要で、重要なことであると感じています。

それらが中今の自己の観点での、アセンションの基礎コースにおける重要なポイントだと思いますがいかがでしょうか。

Ai：まさにその通りであると思います！　本格的なアセンションの入門コースと基礎コースのプロセスで、まず最初に最も重要で必要なのは、ハイアーセルフとのコンタクトであり、ハイアーセルフとの一体化です。それがアセンションの最初の段階の真の完成です。

ここまでが、これまでの地球史、宇宙史でのアセンションのゴールでしたが、そこから先へ向かっては、ここからが真のスタートとなります！

すなわち、真の高次のメンバー、真のアセンション・ライトワーカーとしてのスタートです！！！

ゆえに我々のアセンション・アカデミーでは、「入門」コースのゴールがハイアーセルフとのつながりであり、「基礎」コースのゴールが、高次のネットワークとつながり、実際にコラボをしていくものとなっています。

その他、基礎コースでは、様々な高次についての知識やスキル、そして実働も展開していきます。


Q４：私は高次からのメッセージを、天然チャンネルで（！？）受け取っている感じで、後でそれがメッセージであったと気づくことが多いです。

アカデミーのアセンション・ツールを使ってそれを行う時は、事前にテーマを決めているので、何らかの回答が明確に返ってきます。

常にいつでもメッセージを受け取れるようになることが、二十四時間のチャンネル状態、ハイアーセルフと一体化した状態になるということでしょうか？

Ａｉ：まさにその通りです。三月の入門コースの公式Q＆Aの内容も、しっかり復習しておいてください。

すべては「アセンションの法則」！　そして高次とのコンタクトの極意も同じ！！
よくセミナーでお伝えしていますように、真の高次とのコンタクト、瞑想などは、ただ目を閉じて座っていれば何かが来るというものではなく、その真の本質は、高次との「企画会議」である、ということなのです！！

高次にとって重要なのは、「何（誰）のために！？」です。

ゆえに高次とつながっているツールを使って、明確にテーマを決めて行うと、受け取りやすいのです。
二十四時間のアセンション・ライトワークの実働の中で、必要なサポートとして来るものが真のメッセージです。

Ｑ５：私の中今テーマは、「二十四時間チャネリングし続ける」です。それはハイアーと常時接続していることであり、魂との一体化がなされ、常に自己のセンターに意識を向けることでできていくのだと思います。

実際にはきっと多くのサインがハイアーセルフから来ているので、直感のわずかなサインを見逃さず、キャッチしていく訓練が大事だと感じますので、効果的な訓練方法を探究していきたいと思います。

そのためには、フルコンシャスになることが重要だと感じます。

フルコンシャスは、完全に「覚醒」した意識であり、ニュートラルであるとも感じます。

そして地上セルフの顕在意識でチャンネルし、どのようなエネルギーか？　ソースは何か？　がきちんと見極められる状態だと感じます。

見極められるということのポイントが、フルコンシャスであると思います。

それが地上セルフの意識の「覚醒」であると思います。

そして、「覚醒」への重要なポイントは、自己のハイアー・魂との一体化であり、その状態を地上セルフが、システムとエネルギーで分かっている状態であるということだと思います。

真の自己と完全に繋がり一体化することで、地上セルフから自己の意識の全てに手が届く、アクセスすることが初めて可能となると感じます。

きっとそれが（宇宙の真理を）「知っている」という状態であり、「覚醒」である感じがします。「覚醒」についての自己の状態を探究していくことが、フルコンシャスへ近づくのではないかと思います。

Ａｉ：その通りです！！　全体的に、とても重要であると思います。

そしてＱ５さんの中今のエネルギーを観て、もう少し具体的なアドバイスとしては、「何が何でも二十四時間チャネリングし続ける！」ということそのものに、エネルギーがややフォーカスしすぎている感じがします。

会場：（笑）

Ａｉ：ちょっと頭から湯気が出ている感じですね！（笑）

皆さんという地上セルフは、元々どんな内容であれ、二十四時間、何らかのチャネリングをしているということをまずは認識してください。

それは基本的には、どのような形や内容であれ、ハイアーセルフのチャネリングであると言えます。

そしてメンバーの皆さんに共通していますが、Q5さんも特に二十四時間「天然」の(笑)ハイアーセルフのポータルであると思います。

しかし、やはり何人かの人のように、時々頭で考え過ぎることもあるようです。「何々しなければならない」という感じで。

Q5：(激しく首を縦に振る)

Ai：ですから、「何々しなければならない」ではなく、常に自己と全体の中今のトップ&コアのプライオリティー＝ワクワクのミッションを、ただワクワクと実践していくということなのです!!

そうすると、二十四時間そうなっていき、二十四時間が、とても自然にワクワクMAXで、地上セルフがハイアーセルフとともに、アセンション・ライトワークを行っているという、フルコンシャスのアセンションと成っていくことでしょう!!!

Q6：「アセンションの基礎コース」の重要な目的とポイントなどについて、ハイアーセルフとQ&Aを行ってみました。

「基礎コースの目的とは!?」

アセンションの基礎コースでは、その後半のステージの、ハイアーセルフ（魂）を通した高次とのコンタクトの完成が根幹となり、高次との企画会議によって、全体のアセンションのためにアクションを起こしていくことが目的であると思います。

入門コースでは、ハイアーセルフ（魂）とコンタクトしていくことで、実際に自己の波動が五次元化していき、真の五次元の実践にもなると感じます。

そして基礎コースでは、地球のアセンションの仕事を、根源神界&ハイラーキーと共に行うことができる。

さらにその先の、アセンションのレベル2、太陽系へのアセンションへ向かう許可を得るための重要な準備でもあると思います。

基礎コース全体としては、アセンションのファシリテーターになるのに必要なスキルを学び、エネルギーとシステムの両方で、アセンションについて伝えられるようになることが目的ではないかと感じています。

「ハイアーセルフとは!?」

真の自己であり、永遠の本体。一番身近なものは「魂」で五次元の世界。

魂のハイアーセルフは、コーザル体（神体）であり、太陽系レベルの自己。

そして究極のトップ&コアのハイアーセルフは、根源太陽神界へつながっていると思います。

地上のすべての現実はハイアーセルフが決めており、自己のミッションにより、それに伴った現実をハイアーセルフ自身が創造しています。

ハイアーセルフとは、愛と光１００％の存在であり、「今、地球（宇宙）と人類にとって何が一番重要か！？」を常に考えていて、アセンション＝ライトワーク＝「愛」を元に行動していると感じます。

ハイアーセルフの意図と地上セルフの意図を一致させること。

すなわち、五次元以上の愛と光の完全なるポータルとなることが、ハイアーセルフとの一体化に繋がると思います。

「ハイアーセルフ（魂）との一体化がなぜ重要か！？」

ハイアーセルフとの一体化とは、ハイアーセルフの真のポータルになるということ。

それは実際に、上＝下　内＝外になるということ。

そしてその目的は、ハイアーセルフ＆高次と一体化した状態で、根源神界＆高次と共に、全体のアセンションへの、ライトワークを行うため。

ライトワークの真のトップ＆コアとは、人（日戸）が究極のハイアーセルフ＝自己の御神体と繋がり、皇御親の究極の雛形（子）として、「神人」となり、「神人」を増やすこと。

なぜなら、それが宇宙の創始からの目的であるから。
神界の目的とは、雛形（子）を創ること。

我々（子）のその進化の第一弾が、魂＝ハイアーセルフとの一体化。

ハイアーセルフと一体化した日戸が増えることにより、地球自体も上＝下　内＝外となる。
それが根源のアセンション・プロジェクト、すなわち地球維神。

根源のライトワーカーが、ハイアーセルフと一体化し、根源の愛と光を通せるようになると、集合意識にも伝わり、根源に繋がる人が増える。

そしてその先の、日戸と地球の根源へのアセンションへ！

「中今の天界が神界に統合されていると感じることについて」
理由としては、一番の根幹となるのは宇宙のトップ＆コアとなっている根源太陽神界であるので、そこを中心に考えると、やはり全ては根源神界を中心に統合されており、天界のハイアーセルフは、ライトワークでシステムとして人に伝える時にサポートしてくれているということを感じます。

その大元が、新アセンションン宇宙のハイラーキーということです。

――以上のような認識ですが、よろしいでしょうか！？

Ａｉ：四つの内容、すべて大変よろしいと思います（笑）！！！
全体的にとてもよくまとまっており、レジュメの見本のようになっていますね！
根源神界を中心ポータルとして、ハイラーキーとのコラボともなっています。
そして「ハイアーセルフとは」についてですが、最もシンプルにその本質を表すと、『（無限の）高次のポータル！』であると言えます！！！

Ｑ７：「高次とのコンタクトの方法」が、私の中今のテーマです。

例えばモリヤ先生とかサナンダ先生などは、アカデミーでのエンブレム（高次の存在を表す画像など）をイメージして繋がれるように思えますが、エネルギーのエンブレムが分からない高次の存在については、どのようにしたらよいのか。

例えばメタトロン、ミカエル、ガブリエル、アリエル、ウリエル、ラファエル、マスターマーリン、木《この》花《はな》神、ロード・ラント、ブッダ、聖母マリア、マイトレーヤ、等々……。

参考の画像がある場合は、それをイメージすればよいのでしょうか？　参考の画像が無い場合は、どのようにして繋がればよいのでしょうか？　名前で繋がるのでしょうか？　それについて知りたいです。

Ａｉ：地上にいる人でも、高次だけの存在でも、そのチャネリング＆コンタクトの全般については同様ですが、まず初めに最も重要なのは、そのエネルギーを「イメージすること」です。エンブレムのようなものでもよいと思います。

しかしそれは先入観にもなりますので、既存のエンブレムよりも、ゼロから自分で感じ、受け取るほうがよいのです。

例えばロード・サナンダを皆がイメージすると、そのトップ＆コアでは共通点がありますが、細部の内容や表現は様々となります。

その一人ひとりの個性が、各自の役割にもつながり、重要になっていくと言えます。

そして、高次とのコンタクトにおいて最も重要なのは、何でもいいから高次につながりたいとか、つながればよいではなく、真にそれを成功させるには、「目的」が重要です。

アセンションの基礎コースの中で皆さんが行ったワークの一つが、「つながりたい高次の存在」の探求ですが、それが実際に、自分の高次のハイアーセルフのネットワークとつながっていきます。

そして「つながりたい」と感じる存在には、何かしらの理由があり、そしてその存在についていくらかのイメージやエネルギーの感覚をすでに持っているのです。まずはそれをしっかり探求していってください！！

なぜイメージすることやエネルギーを感じることが重要かと言いますと、チャネリング＝コンタクトとは、対象と実際につながることであり、その波動とエネルギーに「同調する」ということだからです。

ゆえに、対象の存在をイメージすること、エネルギーを感じることによって、その存在の波動の一端と同調することができ、さらなる探求によって、それが強まり、深まっていくのです。

そしてそれらの高次の存在から明確なメッセージを受信するためのトップ＆コアの極意、真にコラボするための極意とは、その同調してつながった状態をキープし、さらにレベルを上げていき、対象の存在の視点に立つことであると言えます。

ただし、その本格的な訓練には、様々な準備が必要となりますし、ソースや内容のサニワ（分析）には、経験豊富な、高いレベルのアセンションのファシリテーターが身近に必要となります。

Q８：私の二〇一二年七月の中今テーマは、『地球卒業に向けて！！』です。
地球を卒業するアセンションへ向けて、具体的にはどうすればよいかということについて、ハイアーセルフと次のような内容をまとめてみました。

アセンションの基礎コース＝レベル１は、主に天界のシステムを通してスキルを磨き、地球卒業へ！
まずは地球ハイラーキーとのコラボがゴールとなりますが、ステージの後半では、自己とハイアーセルフのミッションを確立し、自分の天命が何かを確信し、実働していくことで、地球卒業となる。

そして宇宙規模の視野と意識で、真にマルテンジュウ＝神界を中心とする天界とその全体を知らないと、真の根源神界（中心）は分からない。

そして天界のマスター方の中でも、特にエル・モリヤ先生、ロード・キリスト・サナンダ先生は、地球アセンション、宇宙アセンション、新アセンション宇宙の創生へ向けて、根源神界が信頼しているマスターであり、根源神界の真の代行をしている。

基礎コースを進めていく上で、真のアセンションと高次のサポートを、その愛と光と叡智とともに感じました。


そして私たちが、この地球を卒業できるかどうか、地球のゲイトを通過して太陽系レベルへ次元上昇できるかどうかは、次のことにかかっていると思います。

根源のアセンション・プロジェクトのポータルとなる資質や土台（人格、心格、五次元化を含む）があるのか。そのための経験・実践を重ね、真のライトワークをしてきているか。根源のポータルとなっていく神聖な愛と意志があるか。根源神界の神意がわかるか、などです。


モリヤ先生やサナンダ先生にサポートしてもらうだけではなく、根源の手足となり実働できること。それが真にできてこそ、太陽系アセンションへ！　根源太陽神界のポータルとなっていけるのだと感じました。

また、天界の光線と、人体のエネルギーセンターとは密接な関係にありますので、自己の中にあるエネルギーセンターも、すべて光へ、愛の人へ、真の日戸へと神化させる！

肉体=地球を、太陽と統合し、自己と全体を、真に、ライトボディへ、フォトンへ！　そして根源の太陽とつながっていく！！！　我々の中心の魂は、神聖なる皇御親の分け御魂。このように感じています。

私は、まだまだまだ……地球ハイラーキーの学びも、本当に深めていかないといけない状態ですが、二〇一二アセンション・プロジェクトの地球ゲイト通過のためのこの七月に、Ａｉ先生が前に立って下さり、グループ・セッションをしてくださることが、どれほど大きなイニシエーションであるかということを実感しています……！

最大の敬意をもって、真摯にのぞみます！

Ａｉ：全体的にとてもよくまとまっており、基礎コースを通しての主な学びの内容は、このようだと思います。

さて皆さん、「地球の卒業」とは何でしょうか！？

それは、地球の次元、地球で学べることを卒業するということです。

そして地球の次元の主なトップとは、主に二〇〇〇年までは七次元であったと言えますが、裏では無限にあると言えます。

今、皆さんの肉体は地球にありますが、ハイアーセルフや、そのハイアーセルフのハイアーセルフは多次元に同時にいるのです。

中今も、それらはますます進化していますし、常にその探求が重要です。

ゆえに大枠では、二〇一二アセンション・プロジェクトでの、アセンション・ライトワーカーのトップランナーの中今（七月）のミッションは、「七次元ゲイトの通過とその許可」の第一弾と考えてOKですが、そこには真には五次元などのMAXのマスターも含まれてきます。

そして中今最新のトータルのトップ&コアの展開が、現在進めている二〇一二アセンション・プロジェクトの全体と、まずは二〇一二年十二月へ向けてのものです！！！

それには十二次元まで関係してきますし、潜在的には二十四の数霊となっています。

そして地球の二〇一二年七月と七次元のトップ&コアが、宇宙の二〇一二年十二月と十二次元のトップ&コアにつながっているとも言えます。

それは地球の創始の光と、宇宙の創始の光がつながっているからです。

こうして観てきますと、日戸も、地球も、太陽も、すべては「無限のポータル」であることが観えてくると思います。

二〇一二年八月からは、アセンションのレベル2、太陽神界、太陽系レベル、太陽系のアセンション・ゲイトの通過を皆で目指します！！！

地上セルフとしての真の完成は二〇一四年からとなりますので、皆さんの現在のワークは主にハイアーセルフレベルであり、地上セルフを含めた地球出港の許可証は、皆さんはまだ仮免です（笑）。本日は、何やら「仮免」がたくさん発行されたような気がしますが……。

会場：（笑）

Ai：しかし「アセンションの法則」により、根源のアセンション・プロジェクトも、すべては実地研修のライトワークであると言えます！！ですので、まずは仮免でOKですから、全開MAXで、ワクワク前進ですね！！！そして各内容の詰めも、各自が常に行います。「本免」を目指して！！！

そして真のアセンションとは、常に無限の探求の光の大海が拡がっており、それは真の幸福であり、ワクワクですね！！！

Q9：私は今、ハイアーセルフとのコンタクトを通して、「高次の女性性」の統合を行っていきたいと思っています。まずはそのために「高次の女性性」について探求したいです。そこでハイアーセルフとともに、私が感じる「高次の女性性」について、次のようにまとめてみました。

「高次の女性性」のトップ&コアとは、根源天照太御神＝皇御母であります。あらゆるものの創造主であり、遍く照らす太陽そのものであります。

ゆえに「高次の女性性」の探求とは、「根源の皇御母」の探求とイコールであるようです。

そう考えた時に、「宇宙で一番怖くて、宇宙で一番優しい」という言葉が浮かびました……（笑）。

それは無条件の愛であり、無償の愛でもありますが、真に導き、育むためには、その真の愛が必要であり、時には厳しいものであるということだと思います。

愛に基づく厳しさというものは、とても崇高なものであると思います。それは、個＝全体という意識からのみできることであると感じます。そのことから、「高次の女性性」とは個＝全体の意識から生まれることが分かります。それは個も全体も、同様に大切にすること。

そして、それらを真に大切にすることとは！?

それは、中今のレベルよりひとつ上を求めて導いていくということではないかと思います。そしてひとつできたら、まずねぎらう、その優しさが必要なのかもしれません（今の私は自分に厳しいかもしれません）。

ＴＰＯに合った厳しさと優しさのバランスの探求＝高次の女性性の探求でしょうか？


Ａｉ：とてもよいテーマと考察であると思います。

セミナーでもよくお伝えしていますが、特にアセンションでは、「たった一つの答え」というものは無いと言えます（宇宙の法則にはありますが）。

すべては、目的、ＴＰＯによるものになると言えます。


特に女性性と男性性のテーマは、元々二極のテーマの代表の一つであり、相対的なものです。分かりやすい例としては、オヤジギャル（！？　笑）のような人たちがたくさんいて、その中に少しでも女性らしいところがあったら、とても女性らしく感じられるのではないかと思います。

ですから、「女性性」とは？　というテーマについては、広義では皆さん一人ひとりが感じる「女性性」の一つひとつがそうであると思います。


そして深い宇宙学における（高次の）「女性性」「男性性」「母性性」「父性性」については、過去のセミナーで、超古代のカタカムナ学などをベースにお話しをしてきました。

マル秘で中今最新の第五のエレメントの「子供性」とともに。

そして、「高次の」が付く場合も、そのいくつかの要点についてまとめることはできますが、ただまとめても、単なる知識となってあまり意味がなく、すべて、どういう場合に何が有効で必要で重要なのか、という意識が大切であると思います。

ですから、各自の毎瞬&トータルのミッションを遂げていく時に、毎瞬&トータルでそれを観ていくとよいと思います。

そして今回、Q9さんは、自己の中今の場合についてのテーマを探求されていますね！

この内容は、「究極の女性性」→「究極の母性性」というテーマになっていくと思います。

Q10：つながりたい存在と、自己のハイアーセルフ・ネットワークというのは別のものでしょうか？それともつながりたい存在を意識することによって、それがハイアーセルフ・ネットワークになっていくのでしょうか？

Ａｉ：つながりたい領域&存在＝ハイアーセルフ・ネットワークであると言えます。あまり難しく考える必要はありません。

Ｑ10：ハイアーセルフ・ネットワークは変化していくのでしょうか？

Ａｉ：はい、地上セルフとハイアーセルフの進化により、進化していきます。それにより、どのレベルまでつながるかが進化であるとも言えます。

Ｑ10：これまでの自己の宇宙史と、ハイアーセルフのネットワークとは関係がありますか？

Ａｉ：はい、自己の宇宙史＝ハイアーセルフ・ネットワークと、その歴史であると言えます。

Ｑ10：自己の宇宙史を知ることは重要ですか？

Ａｉ：自己にとって重要と感じれば重要です。重要と感じるなら、それ自体がハイアーセルフからのメッセージです。

そしてＴＰＯが重要です。なぜ重要と感じるのか。具体的に何を知りたいのか。

それを明確にしていくことによって、答えの５０％くらいは明確になっていくと思います。

そしてそのプロセスで、ハイアーセルフとつながっていきます。

Q10：これまでの自己の宇宙史が、これからのライトワークと関係し、自分の個性となっていくことになるのなら、もっと自己の宇宙史について探究する必要があるのかな、と感じるのですが……。

Ai：まさにそれがハイアーセルフからのメッセージですね！　どしどし展開していってください！

Q10：これから根源太陽神界とアセンション・スターゲイトにつながっていくことが重要！　とファシリテーターに教えて頂いていますが……。

Ai：それらは、本質的には教えてもらうものではなく、自分が重要と感じれば実践する、というものであると思います。

Q10：自己の御神体とつながるということは関係していますか？　それとも自己の御神体とつながることはあまり意識しなくてもいいのでしょうか？

自己の御神体はどこの次元にいらっしゃるのかわかりませんが、十二次元や二十四次元を目指すということは、自己の御神体をすっ飛ばしていってしまうようなイメージを持ってしまうのですが……。

Ａｉ：「自己の御神体」とは！？　まずはそれについて、しっかりと探求していってください！！

我々のアカデミーでは、通常、「御神体」とは、「究極のハイアー」を意味しています。また神界は、真には次元で表せないと言えます。

Ｑ10さんのお話では、自己の御神体が、何々の次元より低い、小さい所にいると限定している感じを受けます。

一歩一歩、そして究極の、無限のハイアーセルフとのつながりを目指していくのが、真のアセンションであると言えます。

Q10：自己のハイアーセルフ・ネットワークとは二十四次元まで続いているのでしょうか？　そうでないと根源太陽神界につながれないのでは、と感じました。ということは、自己の御神体が二十四次元なのでしょうか？

Ａｉ：だんだん核心に近づいてきましたね！！　これまでもお話ししましたように、高次は「無限」です。そこに限定・限界を加えているのは自分なのです。

そして、Ｑ10さんのハイアーセルフが、今、最も伝えたいことは、今、Ｑ10さんがお話しされたことと関係しています！！

すなわち、中今の地上セルフから、まずは十二次元、そして二十四次元までの梯子を、一段一段、しっかりと構築していく！！　ということです。この上なく丈夫で、しっかりとしていて、愛と光に輝く梯子を！！！

Q11：私の中今の探求テーマは、「二十四次元の究極の神聖さと、五次元の神聖さの違いを知る」です。そして今、「二十四次元の究極の神聖さ」とそのエネルギーを、皆さんと共に探究しています。

Ａｉ先生とサナンダ先生から、「自然界とクリスタル・チルドレンはすでに知っている！」という最大のヒントを教えていただき、大自然の中へ出向いて行ったり、助産師ですので職場のベイビーにたっぷり触れてみたり、神聖な神社で感じてみたりしています。

そして、神聖なフォトンの白のエネルギーについてですが、五次元、八次元、二十四次元などでの違いは、探究を深めれば自身で感じるものなのでしょうか？

Ａｉ：その通りです。そして、それぞれの次元の違いがあります。まずはその次元の違いを、三次元、四次元、五次元……と、無限に向かって、一つひとつ完全につなげていく必要があります。真の五次元の完成だけでも、莫大なパワーがあります。

無限の神化ですから、日々、じっくり＆ワープ＆ワクワクで！！！

そして五次元の神界レベル（魂）のエネルギーは主に白で、八次元の太陽神界のエネルギーは主に金、そして二十四次元は、単独の光線として存在できる最も高いレベル（キリスト）の金のエネルギーであると言えます。

それらの根源はやはり、すべて根源太陽神界につながっていますが。

Ｑ11：十二（二十四）次元のアセンション・ゲイトへ向かっては、まずはイメージとフォーカスが大切であると感じます。大自然やクリスタルのエネルギーと一体化し、感じ、共鳴してみる。共鳴したエネルギーを出してみる。

そして、いろんな白や金を感じて、ファシリテーターと確認しながらサニワをする。

そのような流れで、五次元→八次元→二十四次元と繋げる感覚でよいのでしょうか？

一日も早く、日本人として本来の姿であるちびちび太陽に成りたいです！

そして皆さまと共に、地球と宇宙と根源のアセンション・プロジェクトのお役に立ちたいと思います！！

Ａｉ：はい、これまでもセミナーでお伝えしていますように、特に二〇一三年までは、ハイアーセルフのレベルでないと、皆さんはまだ真には根源アセンション・プロジェクトに参加できないので、まずはこのような方向性で、高次の神聖なポータルとなり、ワクワクと進めていってください！！！

そして地上セルフも、日々、一つひとつを極めて、ワクワクの実感、体感、実学、経験としていってください！！！

Ｑ12：私の中今のテーマは、「自己のクリスタル化と神聖化の関係と方法について」です。

クリスタル化は、高次のエネルギー（愛）による、低次のエネルギーの浄化・昇華とイコールであり、その結果、魂のエネルギーが発現されて、神聖化が進むと感じています。

Ａｉ：真の高次のアセンション・ライトワークの中では、「低次」という言葉は出てきません。初心者への解説などで必要な場合のみとなります。

なぜなら、すべての「トップ&コア」に常にフォーカスしていくのが、真のアセンションとライトワークになっていくからです。

これは宇宙学の基本となりますが、プラスとマイナスの両方のエネルギーにフォーカスすると、決してすべての統合であるトップ&コアにはならず、真のアセンションとはならないのです。このことを常に認識すると、さらにワープが進んでいくと思います。

ゆえにこのテーマで観ますと、「クリスタル化は、高次のエネルギー(愛)によるエネルギーの昇華であり、その結果、魂のエネルギーが発現されて、神聖化が進む」でOKと思います!!

Q12:そして一層の神聖化は、神聖な高次のエネルギー(例えば二十四次元のエネルギー)にフォーカスし続けることでも成されていくように感じていますが、いかがでしょうか?

Ai:はい。「も」ではなく、まさに「一層の神聖化は、神聖な高次のエネルギー(二十四次元のエネルギー)にフォーカスし続けることで成されていく」であると思います!!

そしてまさにこれが、ここの宇宙で二〇一二年十二月までに達成できるアセンションの、トップ&コア&MAXとなると思います!!

Q13：フルコンシャスに向かっては、自然なチャンネルとなっていくと思うのですが、私は今までもずっと、どうしても「メッセージ」形式のチャンネルと表現になってしまっています。

担当ファシリテーターから「メッセージ形式でなくてもOKです」と言われても、どんな存在のチャンネルであっても、メッセージ式になってしまうのです（汗）。

これはわたしのハイアーの個性（そんな個性があるのでしょうか？）なのか、思い込みなのか、意志で変えていく必要があるのかを知りたいと思います。

Ai：すべては、TPO（時間、場所、場合）、すなわち「目的」によると言えます。メッセージ形式が必要ならメッセージで、違う形が必要な場合は必要な形へ、ということです。

そして最も重要なのは、すべてが、相手＝受け取り手への【愛】に基づく、ということです！　そうであれば、自ずとTPOが明確になり、受け取り手にとってベストの表現となっていくでしょう！！！

それについて、ファシリテーターとも検討し、ぜひ実践してみてください。

Q14：三月の入門コースのグループ・セッションの時の私のテーマは「アカシックとは！？」「アカシックを読むには！？」でした。

そしてAi先生&ハイアーセルフ連合からのお答えは、中今のアカシックの実体とは「ハイアーセルフ連合」である！！！と。

この真の意味について最初は、私の地上セルフは明確には分かりませんでした。

しかし基礎コースのステージで、使命・天命＝ミッションを探求していった時に、「使命・天命とは、何かから命ぜられるものではなく、地上セルフとハイアーセルフからの自己申告＝言挙げであり、自己とハイアーセルフの成長に合わせてシフトしていくものである」と気づきました。

その時に、「アカシックとはハイアー連合である」ということと、中今のテーマである「ミッション」が、結びついていったのです！！！

自らがクリスタルの器となり、ハイアーセルフ・高次と一体となってミッションを遂行する時に、高次との中今コラボでアカシックを創造している！！

ともに創造しているからこそ、高次からも必要な情報が来るし、ハイアーセルフを通して必要なサポートを受けられる。ハイアーセルフとのコラボの中で、そのように気づきました。

そして中今のテーマの「ミッション」について、さらにハイアーセルフとコラボをしてみました。

使命・天命＝ミッションとは！？　それは「中今の地上セルフとハイアーセルフ（自己の本体）が、心底、願うことを創造することである」という結論となりました。

そして、「ミッションが進化する時に、アカシックも進化していく」と！！！

以上が、三月のテーマの「アカシック」と中今の「ミッション」のまとめです。いかがでしょうか？

Ａｉ：はい、オールＯＫと思います！

そして特に三月から実際に、Ｑ14さんの周囲では、たくさんのアセンション・ライトワーカーが誕生し、まさに「ハイアーセルフ連合」による「アカシック」と、「ミッション」の通りとなっていますね！！！

ハイアーセルフ連合も、地上の根源家族も、常に全開でサポートしていますので、ますますワクワクＭＡＸで、エイエイオーーー！　ですね！！！

Ｑ15　天さん（十七歳）（クリスタル・チルドレンの部から参加）より

私の中今のテーマは、『生命の樹の本質』とは!? についてです。それについて、高次とQ&Aを行ってみました。

Q:『生命の樹』の本質とは何でしょうか。

A(高次より):生命の樹はエデンの園に植えられている。それは地球の創生の時代であり、中今最新であり、未来でもある。生命の樹はすべての宇宙史であり、すべての生命の源である。

Q:なぜ『樹』で表されるようになったのでしょうか。

A:エデンの園では生命の樹は神に等しき永遠の命として例えられる。『樹』は、大地に根を張り、地球の生命(大自然)と一体と成る。そしてそれは『命の響き』を顕す。

Q:生命の樹は、ロード・キリスト・サナンダ先生と、なぜつながりがあるのでしょうか?

A:ロード・キリスト・サナンダ先生が、地球の創生の時からのすべての宇宙史を天界で象徴しているからである。

Ａｉ：素晴らしい内容ですね！　この『生命の樹』について、ぜひ天さんの二〇一二アセンション・プロジェクトのテーマの一つとしていってください！！！　これに関連する解説は、八月の公式セミナーで行いますが、だいたい、本書全体を通して展開されています。

Ｑ16：ティアラさん（十三歳）（クリスタル・チルドレンの部から参加）より
私の中今のテーマは、「二十四次元」へのアセンションとつながりについてなどです。それについて、ハイアーセルフと探求を行ってみました。

Ｑ：十二次元（二十四）のアセンション・ゲイトへは、クリスタル・チルドレン（大人も子供も、その本質において）なら、誰もが達成できるであろうと、Ａ.ｉ先生もロード・キリスト・サナンダ先生もおっしゃっています。

ではそのアセンション・スターゲイト＝二十四次元の本質＝『この上なく神聖で美しい』光、エネルギー、心、存在そのものとは、具体的にはどんな状態を言うのでしょうか。

A（ハイアーセルフより）：あなた（地上セルフの私）は、いわゆるマイナスのエネルギーが無く、いつもニュートラルでポジティヴな状態であると言えますが、『この上なく神聖で美しいエネルギー、心』という、その二十四次元のアセンション・ゲイトへつながるワークを、意識をしては行っていません。

あなたが現在、意識的に行っているのは、学校などで、ネガティヴな状態に陥った人を見た時に、愛と光を贈ることなどです。


今、あなたはそれらを意識して行っていますが、もっと幼い頃には、意識をしなくても、とても自然に百パーセント、常にそれを行っていました。

この状態が、「この上なく神聖で美しい」光、エネルギー、心、存在そのものであると言えます。


（ティアラより）

二〇一二年六月の重要な動き以降、私の周囲の人たちも、とても波動が上がっています。

私もシフトしてきたので、周りの人たちも変わり、愛のエネルギーに変わってきたのだと思います。

アセンションした地球は、輝く光がふりそそぎ、緑ゆたかな世界が広がっていると思います。今、窓から外を見ると、まさにその新しい地球の風景が見えます。

それはまるで「ナルニア国物語」の、「真のナルニア」のようであり、さらに新しく大きな世界という感じです。

「愛ではじまり、愛でおわる」というような世界であり、愛で満たされた世界。
愛以外のものが存在しない世界だと思います。その愛が輝く光となってふりそそいでいるのです。

（ハイアーセルフより）
日戸が二十四次元のアセンション・ゲイトとつながり、『この上なく神聖で美しい心、エネルギー』になっていくと、周りの世界は、愛が輝く光となってふりそそぎ、新ナルニア、新地球となっていきます。

Ａｉ：ティアラさんも、素晴らしいコンテンツですね！！
ぜひ、天さんも、ティアラさんも、さらに探求し、クリスタルの二〇一二アセンション・プロジェクトとして展開していってください！！！

まさに新たなアセンション地球の、メイキングのコラボとなっていきますね！

そしてそれは、永遠に拡大していきます！！！

そのひな型が、我々（アセンション・ライトワーカー家族）の魂の中に、芽生え、育ちつつあります。

そしてともに、地球に、宇宙に、皆で拡大し、具現化していきましょう！！！

アセンションの実践座談会

この章の最後の項では、様々なアセンションを体験し、皆さんのアセンションのファシリテートも現在行っている、インストラクター・コースのメンバーを中心に、「アセンション」について、様々な角度から探求し、座談会形式で、コラボをしていきます。

「アセンションとは!?」

Ai：皆さん、まずは「アセンションとは!?」というテーマで、進めていきたいと思います。

これは始まりであり、トータルのテーマですが、これまでに体験したこと、学んだことなどからのまとめを、中今のトップ&コアでお願いします。

Lotus：「アセンション」という言葉を今生で初めて聞いた時に、これがずっと自分が探してきた「キーワード」かもしれないと感じて、とてもワクワクしました。

そして、胸の内から何か、光が輝くような体験をしたのです。

とても不思議な感覚なのですが、宇宙が創造された目的とは!? 私たちが「今」ここに存在する目的とは!? それがまさに中今、体験している「アセンション」であると感じるのです!!!

そして特に、この二〇一二年からが、一人ひとりと地球全体にとって、とても重要なターニングポイントに差しかかっていると感じます。

そのために、すべてのアセンション・ライトワーカーとのコラボも、とても重要だと感じています。

Ａｉ：まさにその通りであり、本書の核心の内容とつながっているチャンネルであると思います！

ジャーニー：二〇一二年は人類の真のアセンションの始まりの時である、ということなんですね！　とても納得です。

私自身も「アセンション」という言霊にとてもワクワクしました。

さらに「魂」という言霊にもとても反応し、眠りから覚めたような感覚を覚えました。

新しい世界が待っている！　というハートの奥底からの歓喜が湧き上がって、その後から、地球に来た目的を探究していきました。まるで眠っていた真のＤＮＡが起動したかのような感じでした。

Ａｉ：ジャーニーさんが「魂」という言霊にとても反応したのは、「神界」とつながるアカシックがあったからだと思います。そしてそれが「日本人の真のミッション」というテーマにつながっていったと思います。

国丸：今、とてもワクワクしています！　これは、二〇一二年のアセンションの本質に迫ってきたということを、私のハイアーセルフが知らせてくれているからだと感じます！

この「ハイアーセルフ」が、アセンションの重要なキーワードだととても感じています。

それをシンプルに表現すると、「私たちの愛と光の本体」ではないでしょうか？

宇宙が創造された目的とは？　アセンションとは？　そうした問いの答えも、すべてハイアーセルフが持っていると思います。

ハイアーセルフは、ハートの奥にいますから、「外ではなく内を探求するように」と高次の存在やマスター方はおっしゃられてきたのですね！！！

結論として、一人ひとりがハートを開いて、ハイアーセルフの器になり、アセンション・ライトワークを行っていくことそのものが、アセンションではないかと思います。

Ａｉ：その通りですね！　「愛の使者」の本に詳しく書かれていますが、それがアセンションの真の入門であり、土台になるものであると思います。

直日女：現在、Ａｉ先生のアカデミーでアセンションを学び、ライトワークの実践を行っている皆さんのお話を聞くと、「天の岩戸開き」の本が出版された時、そのタイトルを見た瞬間に、直観のような衝動を感じて手に取ったという方がほとんどでした。

「アセンション」「天の岩戸開き」というキーワード、そしてそこに含まれている莫大なエネルギーと情報に、自己の内側が反応する感覚！

それが今、この地球の日本に生まれてきた意味と、自己の真のミッション＝アセンション&ライトワークへとつながる重要なサインであると思います。

そしてそれらが、自己の本体であるハイアーセルフからのメッセージであるということがよくわかります。

そして、今回の「根源へのアセンション」というタイトルに、「いよいよ……！」という、魂からふつふつと湧きあがるような熱い情熱とワクワクを感じています。

「アセンションのノウハウ」――その重要ポイントとは!?

Ai：では次のテーマは、皆さんが最も関心がある「アセンションのノウハウ」についてです。
これまでのファシリテート（インストラクティング）の経験を踏まえて、アセンションの入門・基礎から、さらにその先のステップへ向けて、「アセンションのノウハウ」として重要と感じるポイントはどのようなものでしょうか。

直日女：Ａｉ先生が「アセンションとは、本を読んで学ぶものだけではなく、その本質は【体験】するものである！」とよくおっしゃっており、我々もＡｉ先生のセミナーで詳しく学び、実践しているわけですが、その中では、まずはアセンションの真の入門・スタートとして、「気になる」「重要と感じる」という直観＝ハイアーセルフからのメッセージを大切にし、次の「アクション」を起こしていくことがとても重要であるということをＡｉ先生は繰り返し伝えておられます。

そしてやはり最も重要なのは、「天の岩戸開き」や「愛の使者」の本にも書かれていますように、宇宙とアセンションの唯一最大の法則で奥義の「アセンション＝ライトワーク」であると思います！

「気になる」「直観」から、その先へ。地球と人類のために「必要な行動」を起こすことによって、真の参加者となる！

それは魂の底から湧きあがる歓喜であり、真の幸福＝アセンションとなっていく体験そのもの！それを私自身も、メンバーの皆さんも、日々実感しています。

Ａｉ：そうですね！トータルで観ますと、やはりすべてが「アセンションの法則」であると思います。

それはすなわち【愛の法則】ですね！！！

Lotus：そのためにはやはり、ハイアーセルフの愛と光の純粋な「ポータル」となることが重要だと思います。「クリスタル・プロジェクト」の本からも、日々、子供たちに学ぶことも多いです。

Ai：そうですね！　それもアセンションにおける真のスタートであり、永遠のテーマだと思います。我々のアセンション・アカデミーでも、まず最初の入門コースで、様々なツールやワークショップを通して強化することですね。

ハイアーセルフの神聖なポータル（器）としての自己のクリスタル化、神聖化。

そしてこれは本書全体を通してお伝えしていますように、二〇一二年後半からの最大で究極のアセンションの始動へ向けて、最も重要な鍵となるものです。

国丸：そしてアセンションの基本の一つは、「エネルギー」（が真に分かること）であると思います。

Ai：そうですね！　我々の高次と地上のアセンション・アカデミーでも、入門コースでの超重点項目であり、皆さんの地上セルフは「耳タコ」ですね！！！（笑）

そして「エネルギー」には無限のレベルがありますから、スタートから永遠・無限にそのワクワクの学びと実践が続きます。そしてすべての基本となり、各レベルでも、それぞの展開となっていきます。

これらは皆さん、まさに耳タコになっていると思いますが（笑）、エネルギーについて分かれば分かるほど、その重要性も分かって来ていると思います！


国丸：はい、常に「エネルギー」に意識を向けることが大切であると実感しています。

あらゆるすべてが「エネルギー」であり、アセンションと大きく関わっていきます。

そしてすべてを「エネルギー」で捉えていくことが重要だと思います。


それは主に、胸の中心、ハートと魂で感じます。

「愛の使者」にも書かれていますように、そのための訓練も重要です。


そして「宇宙の法則＝（自分が）贈ったエネルギーが（宇宙から）贈られる」が大切だと思います。

エネルギーは一方通行ではなく、常に相互作用、コラボで発生するからです。


例えば、自然が豊かな場所でエネルギーワークを行うと実践が容易になり、リラックスして、純粋な子供のようになります。

自然の緑にハートから慈しみを込めて、愛と光のエネルギーを贈ってみると、返ってくるエネルギー、一体化するエネルギー、コラボのエネルギーを感じやすいと思います。

「日本人のミッションとは!?」

Ai:では次のテーマは、「日本人のミッションとは!?」です。

ジャーニー:それは今回の宇宙の最終最大アセンションをリードしていくことであり、リーダーとなることであると思います。

なぜならば、日本人のDNAは、皇御親、皇のDNAにつながっており、宇宙の根源につながっているからです。

Ai:それは宇宙のひな型の、太陽と地球のさらにひな型の、日本(人)ということであり、集合意識のひな型=DNAとなる、ということですね!

Lotus:そして「究極の器=ポータル」というメッセージを感じます。

Ai:皆が、根源の究極のポータルの、ちびちび・ポータルとなっていくということですね!

宇宙の高次全体のマル秘の暗号では、「きみがよプロジェクト」と呼ばれているとのことです。

国丸:その「きみがよプロジェクト」とは、宇宙の根源の愛と光の源そのものを表していると思います。

そしてそれがまさに、我々の皇御親の根源であり、我々が目指し、帰還する根源であると思います。

Ai：地球が、「皇の星」へアセンションしていくということですね！

直日女：それがまさに今、この日本で、地上のライトワーカーたちの中で、本当に動き出しているということですね！　感無量です！！！

Ai：まさにそうですね！！！

「アセンションの中今トップ&コア」

Ai：次のテーマは、アセンションの「中今トップ&コア」です！！
中今とこれからの皆のアセンションにとって、最も重要と感じることは何でしょうか！？

Lotus：そのキーワードは、やはり「神聖」「純粋さ」であると思います。

Ai：それは高次の究極の神聖なポータルとなることであり、イコール究極の、心と魂の「純粋さ」ですね！！！

国丸：そして実際の「中今トップ＆コア」の動きそのものが、まさに中今トップ＆コアであり、重要であると思います。

具体的には、宇宙アセンション・ゲイトへ向かっての次元上昇＝アセンションであり、二〇一二アセンション・プロジェクトそのものであると思います。

Ａｉ：そうですね！！　そしてこのような中今トップ＆コアがまさに重要なわけですが、地上セルフが一歩一歩、できることから、実際にそこへ向かって進んでいくことが重要ですね！！

真にアセンションへ向けての意志を持って動き出せば、その一歩は、ワープへとつながっていきます！！

国丸：そして常にスシュムナー（背骨の中心のエネルギーの通路）に根源の光が流れていることが、高次の神聖なポータルにつながり、地上セルフのバランスにつながっていくと思います。

Ａｉ：その通りと思いますが、まずは地上セルフとハイアーセルフのバランスとは、ハートを中心に、真に地上セルフがハイアーセルフとつながり、ハイアーセルフが真に地上セルフにグラウディングすることだと言えると思います。（※二一七ページの図を参照）

国丸：そして中今の八月は、メンバーは八次元へのつながりの次元上昇に取り組んでいるわけですが、これまでの入門・基礎コースでは、特にハート&魂、五次元から七次元くらいまでの「垂直上昇」を行ってきました。

Ａｉ：まさに基底の赤のエネルギー、クンダリニー、神の第一光線のエネルギーですね！　神界では根源太陽神界が、天界では主にマスター・モリヤがサポートしてきました。

国丸：そして八次元の領域の学びと実践に入っていきますと、各自の真の「神聖さ」の度合いが、明確に現れてくると感じます。

Ａｉ：その通りですね！！！

ジャーニー：中今とこれからのトップ&コアとしては、やはり「根源太陽神界」へのフォーカスが重要であると感じます。

Ａｉ：そうですね！　そして一人ひとりが、ちびちび太陽になっていくということですね！！！

ジャーニー：はい。そしてさきほどの「日本人のミッション」の内容が重要であると思います。

Ai：まさにその通りですね。

ジャーニー：そして私は先日、アカデミーの神事編のインストラクター・コースのワークショップに参加しましたが、そこで多くの学びがありました。

Ai：ジャーニーさんは、普段はアセンションのアカデミー編のファシリテーターを担当していますが、我々のアカデミーでは、「エネルギー」と「システム」のバランスを重要視しており、「エネルギー」を体感しやすいワークショップとして、様々なエネルギー調整やワークもかねて、神事ツアーやそのワークショップを行っています。

ジャーニーさんは、そのインストラクター・コースに参加されて、とてもエネルギーが変わりましたね！！

本来持っている神聖な巫女性も開花し、「エネルギー」と「システム」のバランスが、しっかり取れてきた感じがします。

ジャーニー：はい、根源の、そして大自然の神聖なポータルになるということを、とても実感できました！！！

直日女：中今の私とメンバーのトップ&コアとしては、八月の大シフトの重要な神事ワークショップを担当させていただいていますので、それをいかにやり遂げるかということです。

Ａｉ：はい、その準備として、直日女さんの地上セルフとハイアーセルフは、現在、太陽系神界連合のエネルギーに、とてもなっていますね！！！

そして、根源神界のアセンション・プロジェクトのポータルとして動く場合、特に神界については、すべてが「中今」となっていくと言えます。

当日の神界・高次の動きに合わせて、それらを中継し、そのエネルギーや動きを伝え、解説をしていくことでしょう。

直日女：とてもよく分かりました。

もう一つ重要と感じることは、さきほどの国丸さんのお話の七月までの「垂直上昇」と、八月からの「神聖」さの確立であり、最近のメンバーへの個人セッションでも、まさに同様のテーマとなっています。

そして、中今最も重要と思いますのは、この二〇一二アセンション・プロジェクトそのものが、各月の数霊と、次元上昇が連動しているということです！！！

Ａｉ：まさにその通りですね！　そしてそれは、皆さんの地上セルフの意志の愛、愛の意志と、ハイアーセルフと高次とのコラボレーションから生まれるものですね！！！

「アセンションのマル秘の奥義」

Ａｉ：この座談会の最後のテーマは、最も重要な「アセンションのマル秘の奥義」についてです。なぜ、我々の高次と地上のアセンション・アカデミーのメンバーのアセンションが、とても早いのか！？

そのサイエンス、分析、考察などを行います。

ジャーニー：やはりその筆頭は、根源神界のメイン・ポータルのＡｉ先生を通して贈られる、根源のフォトンであると思います。それがアセンションＤＮＡの活性化となり、皇のＤＮＡの活性化となっています。

Ａｉ：ファシリテーターの皆さんも、その根源のセントラルサン・システムのちびポータルとなっていますね！

ジャーニー：次に、その根源のセントラルサン・システムの下、すべての高次のサポートとともに、我々のアセンションを、的確に、適正にサポートしてくれる日戸とシステムと場が整っているということです。

Ａｉ：そうですね！

ジャーニー：そして、これまでの座談会でも出てきましたように、Ａｉ先生の高次と地上のアカデミーでは、アセンションで最も重要なことを中心としているということです。それは「ハートを開く」ということです。「愛の使者」の本に詳しく書かれていますように、それにより実際、メンバーのアセンションがものすごく早く進みます。

次に重要だと思いますのは、机上の空論ではなく、すべてが実学であり、「アセンションの法則」＝アセンション・ライトワークとなっており、実際に高次とのコラボとなっていること。

そしてすべてが、中今の根源と高次のアセンション・プロジェクトの中で進められている、ということです。

Ａｉ：すべてがとても重要な点ですね！

直日女：私の見解も、ジャーニーさんと同じです。特に重要だと思う点は、やはりすべてが根源神界を中心＝トップ＆コアとし、高次のプロジェクトとして行っているということ。

そして常にすべてが「アセンションの法則」(宇宙の法則)の原理原則の中にあること。

そしてアセンション・ライトワーカー家族の全員に、明確に、アセンションとライトワークへの意志がある、ということであると思います。


国丸:私も他のファシリテーターの皆さんの見解と同じですが、やはり最も重要なことは、根源のフォトン、DNA変容のフォトン、皇のフォトンが、Ai先生を地上のポータルとして贈られているということです。

次にやはり、「アセンションの法則」であると思います。

そして、最も忘れてはならないのは、Ai先生がいつもインストラクター・コースの指導でおっしゃっていますように、「一人ひとりと全体の『中今』のトップ&コアを常に観ること」であると思います。

Ai先生がいつもそうしてサポートしてきてくださったので、現在の我々が在るのです。

そして最後に、「愛」を中心としていること。これがまさに根源で究極であると思います。

さらに加えるならば、根源神界のマル秘、高次のマル秘、そして真のアセンションのノウハウのマル秘などが、常にとっても分かりやすいことです!

例えば、既存の神智学などは、皆さん、難しいイメージを持っていると思います。

その宇宙史を通した本質かつ中今最新を、十歳のクリスタル・チルドレンでも分かりやすいように、いつも案内してくださっている！！！

Ai：はい。いつもお伝えしていますが、本当に大事なこと、本当の奥義、宇宙の真理とは、実はとてもシンプルであると思います！

だいたいこれまでの皆さんのお話で、重要な点が出ていると思いますが、その他付け加えるとしたら、「中今」とも関係しますが、「タイミング」であると思います。

イグニッション・キー（点火装置）のスイッチを入れるタイミング。全開ワープに入るタイミングなどです。

これもアセンションのインストラクティングにおいて重要なポイントであり、皆さん、これまでの指導の中で、耳タコにもなっており、実際に多々経験されていると思います。

これにはやはり、総合的で高度な知識と、経験が必要となります。

ちなみにそのタイミングや内容が適切でない場合を、我々は通称、「シットルケ」と呼んでいます（笑）（昔の某お笑い番組より）。

すなわち、映画のネタバレのようなことですね。その人のハイアーセルフの系統や、アセンションの方向性を総合的に観て、その人の地上セルフとハイアーセルフに、中今、本当に必要なことを適切に判断することが重要であるということです。

あまり先走った情報や、たんなる情報は、かえってマイナスになる場合があり、その人が自力で探求して発見する喜びを台無しにするおそれがあるということです。

いつもお話ししていますが、アセンションのインストラクティングの中では、このポイントが特に重要で、高度であると言えます。

トータルでは、やはり『中今』というテーマですね！


Lotus：私の見解も、だいたい皆さんと同じです。まずはすべての動きが、実際に高次とつながっていること。それが中今の一人ひとりの地上セルフとハイアーセルフの全体の目的と計画になっていること。

そして何よりも、Ａｉ先生がそれを行っているということが重要であると思います。

「天の岩戸開き」の本にも書かれていますが、私は長年、それらを近くで観てきて、本当にＡｉ先生は、プロトタイプとして、高次のＤＮＡのすべてを持っていると日々実感します。

それは特に、アセンションとライトワークのインストラクティングで、明確に現れています。

そして「時期が来た人」に、ＤＮＡ変容の根源のフォトンが流入し、明確な変容となり、ワープとなっています！！！

Ａｉ：ここまでは、インストラクター・コースの一部のグループ・セッションでの座談会でしたが、ここからはインストラクター・コースの全メンバーでの座談会となります。
これまでの内容を踏まえて、他にご意見があればお願いします。

織日女：だいたい主要な内容は挙がっていると思いますが、あえて追加しますと次のようなものです。

Ａｉ先生のアカデミーのツールやコンテンツには、創始からのスピリチュアル・ハイラーキーの叡智やノウハウが含まれていること。

そしてメンバー全体に、常に『愛の絆』があること！　だから、いつも楽しい！　嬉しい！　そして笑いがいっぱい！！！（笑い泣き）

私は今生、地上セルフとハイアーセルフの真のアセンションの「師」に出会えることをあきらめかけていましたが、今、真に恩師と呼べるＡｉ先生がいらっしゃって、その感動に、感謝の言葉もうまくお伝えできないくらいです……。

Ａｉ：ありがとうございます！　そしてまさに、最も重要なのは『愛の絆』ですね！！！

そして皆さんが互いに、常にサポートし愛、励まし愛、喜びを分かち合って、さらなるシナジー（相乗効果）となっていること！！！

天鏡：私がこのアカデミーで常に感じますのも、やはりとにかくいつも楽しい！　幸せ！　ということです！！！

愛と光を、全開MAXで、真に展開できる場であるからです！！！

そのような場は、地上でこれまでにはありませんでした。

そして皆さんの地上セルフとハイアーセルフは、そのような場を求めていたからこそ、アセンションの全開ワープとなっていくのだと思います！

それはやはりAi先生が、常に愛と光の全開100％のポータルとなってくれているからだと思います。

Ai：私の地上セルフもそうなるようがんばっていますが（笑）、真のポータルとは、イコール、「無」であると言えると思います。そしてその「無」とは、「無限」でもあります。

アインソフの「アイン」と同じであり、ゼロ・ポイント。根源であり、無限。

ですから、私がポータルとなっているエネルギーの、そのさらにポータルが皆さんのハイアーセルフであり、私（Ai）のエネルギーだと皆さんが感じることも、皆さんのハイアーセルフのエネルギーでもあるということですね！

稚日女：私が今生初めてアセンションの学びを始めた時、Ai先生は、私のハートを開いてくれました。

Ａｉ先生がいる場は、「愛１００％」の場でした！　そのような場は、地上ではこれまではありませんでした！　そしてそれからの私が学んでいったことは、アセンションとは、真に幸せになるということでした！

そして今、メンバーの皆さんがそれを体験しているのを観て、とても幸せです！！！

Ａｉ：それがまさに、ファシリテーターにとって、最大の喜びです！！！

白蓮：Ａｉ先生は、私のこれまでの歩みの中で、どれだけ私が迷った時でも、常に自己とハイアーセルフの中心、トップ＆コアを示してくれました！！！

めぐみ：私がこれまでＡｉ先生のアカデミーの中四国校を担当しての経験からですが、数十年もスピリチュアル関係を勉強してきて、まったく進化が無かったと言っている人が、Ａｉ先生のアカデミーのセントラルサン・システムにつながり、そのエネルギーとシステムとマル秘のツールで進めていくと、なんと数ヶ月でアセンション・ワープとなっていく！

それを目の当たりにしました！！！

それが「なぜか」についてサイエンスしていきますと、やはりそういう人たちの学びで、これまでに足りなかったことは、実は「宇宙で最も重要なこと」であると思いました。

それは**【愛】**であり、「愛の使者」の本に書かれている通りであると思います。

とてもシンプルで、誰もが知っているはずなのに、気づかずに彷徨っている人が多いのだと実感しました。

Ａｉ：まさにそうですね。とてもシンプルで、誰もが知っているはずなのに、それがどれほど大切なことなのかを気づいていないのだと思います。

人として、最も大切なことだと思うのですが。

ですから、高次のマスター方は、真のアセンションのイグニッション・キーを、その最もシンプルかつ、人にも宇宙にも最も大切な、【愛】の中に隠した！！！

本当は隠してはいないのですが、自分でそれに真に気づき、自分が【愛】になること、それが真のアセンションとなるということですね！！！

照子：私は皆さんのお話を聞きながら、これまでの自分のアセンションに「何が最も重要であったか」について思い出していました。

そして初心に帰って、「Ａ.ｉ先生語録」を思い出していました（笑）。

私が初めてアセンションの学びを始めた時に、最初の明確なシフトとなったＡ.ｉ先生からのお話は、「アセンションの法則」についてでした。

Ａｉ先生が、詳しい解説を私にしてくださった時に、私のこれまでの世界観がまったく変わり、そしてアセンションのワープとなっていったのです！！！

「アセンションの法則」に関連するお話の中で、まず最初に驚いたことは、「自分が変われば世界も変わる」ということでした。それまでは、逆だと思っていたのです。

単に、世界（地球、宇宙）がアセンションするのだから、自分もアセンションせねば、と。

その観方も正しいのですが、アセンションの法則、宇宙の法則の本質としては、アセンション＝ライトワーク。

自分のためではなく、人々のため、地球のために行うライトワークこそ＆のみが、真の自己のアセンションとなっていく！　それが「アセンションの法則」の本質であり、奥義である、と！！！

そして、次に驚いたのは、「真の癒し＝ヒーリングとはアセンション！」ということです。

それまでは私も、一般的なスピリチュアルを学んでいる人と同様、まずは自分の癒し、自分のヒーリングが関心の中心でした。

これも「アセンションの法則」が原理となっており、まさに実際に、アセンション・ライトワークを行っていくほど、パワーアップし、真のヒーリングとなっていくことを実感しました！！！

そして、中今のまとめとしては、やはり常に「アセンションの法則」の下、全体と自己のトップ＆コアにフォーカスすることが重要であると思います。

グレース：私は長年、スピリチュアル・カウンセリングなどの仕事をしており、エネルギーに敏感だと思っているのですが、初めてAi先生からメールをいただいた時に、とても信頼できるエネルギーを感じました。

そしてアカデミーのメーリングリストには、アカデミーを進めたり、レポートをシェアしたりするものの他、交流するものなどもありますが、初めてそのメーリングリストを開いた時に、とても驚きました！！

皆のハイアーセルフのエネルギーがとても共鳴して、美しいハーモニーとなっていると感じたからです！

それは、衝撃というくらいの驚きだったのです！！！

LOVE：私もそれを一言で表現するなら、「愛」であると思います！

Ai：その他、今来ているメッセージとしては、「中今」とも関係するインストラクティングの重要なポイントの一つとして、「エネルギー」で観れば、常にすべてが分かる、ということです。

那美：私も、やはり最も重要なポイントは「絆」であると思います！ それは、傷をなめ合うようなものではなく、互いの良いところを伸ばしあい、サポートしあっていく絆。

地上セルフとハイアーセルフの目的が同じであり、よりよい星へ！ よりよい国へと！

ゆえに「家族の中の家族」と言えるのです。そして常に超楽しい！ だからそれをやめられません！！！

（笑）

Ａｉ：たしかに皆さん実際に、アカデミーに参加されて、途中でおやめになる方がほとんどいませんね（笑）。

そして最近の動きとしては、メンバーの子供さん、親御さんや、御兄弟、御友人などといった近しい方々が、自然に参加されてくるケースが多くなっています。皆さん、実際にアセンションも進んでいるからだと思いますが、楽しい、そして自己とハイアーセルフの全開ＭＡＸの場となっているからだと思います。最近はまさに、家族でアセンション！　という感じであり、アセンション家族の輪が広がっていますね！！！

リタ：これまでに長年、そして今日のこの場も、いつも三人の子供たちとともに参加させていただいて、とても感謝しています。

感無量で、なかなか言葉にできませんが、中今特に重要と感じることは、「根源」「ポータル」そして「神聖」です。

Ａｉ先生という、「根源」の「神聖」な「ポータル」のエネルギーを常に感じており、本当に幸せで……。

Ａｉ先生のおられる場とは、自己の『神聖』を全開ＭＡＸにできる場であり、それがとても重要であると感じました。

そしてこれが根源のアセンション・プロジェクトそのものであると感じます。

Ａｉ：はい、リタさんも拝見する度に神聖になっていますが（笑）、さきほどの話にもありましたように、皆さんという地上セルフも、ハイアーセルフも、その『神聖』なポータルになっている、そしてともにコラボしているということですね！

そして今、さらに皆さんのハイアーセルフ連合から来ているメッセージは、「皆さん、さらに『神聖』を全開ＭＡＸへ！！！」です！（笑）

それは究極のアセンションそのものであり、宇宙の究極のアセンション・ゲイトへ向かうことそのものです。自己とハイアーセルフの中今の全開ＭＡＸ１００％を、日々毎瞬、１０１％、１０２％にしていくことが、真のアセンションとなっていく、ということですね！！！

ひふみ：だいたい皆さんのお話の通りだと思いますが、メンバー一人ひとりのシフト、ワープが、高次と地上の全体のトップ＆コアの動きと常に連動しているということが、これまでの観察で気づいた重要と感じる点の一つです。

Ａｉ：やはり全体と一人ひとりの中今トップ＆コアが重要であり、それがシフト・ワープの重要ポイントとなっている、ということですね！

ひふみ：はい。Ａｉ先生のアカデミーに初めて参加した瞬間から、長年学び、そして中今のこの瞬間まで、とにかくずっと「ワクワク」の状態です！！！

Ａｉ：それがまさに、中今トップ＆コア＝ワクワクである、ということですね！！！

Ｋｅｉ：すべて先輩方に言い尽くされました……（笑）。私はまだインストラクター・コースに参加して日が浅いですが、やはりＡｉ先生のアカデミーに参加して、最も重要だと感じたことは、「アセンションの法則」であり、そしてこの場が、「愛を受けいれてくれる場」「愛を発現できる場」である、ということです！！！

司：だいたい重要なポイントがすでに出ていますので、少し違う角度からの話となりますが、最近私がとても驚いたことについてです。

私が担当している、長年フーチ（気のエネルギーの測定方法の一つ）などを学んでいる生徒についてなのですが、我々のアカデミーに参加してから、ケタ違いにその数値が上がりました。ちなみに、クリスタル・チルドレンも数値が高いそうです。

那美：私も先日、あるイベントでα波の測定をしてもらった時に、Ａｉ先生を思い浮かべたら、とても高い数値が出ました（笑）。

Ａｉ：思い浮かべる対象は何でもよいと思いますが（笑）、それらには共通点があると思います。そこから分かるのは、やはり「愛の度数」が上がった時に、それらの数値が上がるということですね！！！それを「アセンション・エネルギー」として研究していくとよいかもしれませんね！（笑）

司：それは大変興味深いです！

Ａｉ：さて、この座談会は、宴会とともに（笑）まだまだ続いており、重要な内容もまだまだたくさんありますので、高次からのオーダーで、皆さん各自に、ＭＡＸでコンテンツとしてまとめていただくこととなりました。

今後、またシェアしていきたいと思いますので、皆さまお楽しみに！！！

この章を通して、各自のこれまでのアセンションとそのファシリテートの実際の経験に基づき、重要なポイントがたくさん出てきたと思います！！！

皆さまのこれからのアセンションにプラスとなれば、幸いです！！！

第五章

アセンションの体験

アセンション日記&体験談

この最終章では、実際に、アセンションを中今も日々体験している皆さんからの最新版現場レポートをお贈りいたします!!!

各自のアセンションの学びとライトワークのスタートから、中今最新までのアセンション日記や体験談となっています。

アセンションの真の入門、スタートからの様々な経験や実体験は、皆さんにもとても参考になると思います。

各自、色々な系統や段階がありますので、それも参考になると思います。

では、アセンションのインストラクター・コース、基礎コース、入門コースなど、それぞれのコースのメンバーからのレポートをいくつかお贈りいたします!!!

「インストラクター・コースより」

「一なる根源へのアセンション」グレース

（最初の三か月の変化）

私は長年、スピリチュアル・カウンセラーなどの仕事をしており、生徒たちからアセンションへ向けての学びの要望も高まっていましたので、Ａｉ先生のアカデミーへ参加してから一年以内に、インストラクター・コースの学びも進めることとなりました。

本格的にアセンションへの道に踏み出した動機は、とにかくこの地球を守りたい、地球人類のアセンションをサポートしたいという思いです。そして、意志と気愛で進めていきました。

しかし、当初はまだ自己の中に、陰謀論的な情報や、三次元オンリー的な思考がたくさんありました。

そしてＡｉ先生の御指導の中で、真のアセンションとは、全ての人の真の幸せの為に、自己の創造したい世界を想像＝創造していくこと、そこへ意識をフォーカスすることであると認識しました。それが、自己の愛の意志と共に、この上ない歓喜、至福、世界平和であり、愛のある美しい地球であると。

そのために「自分維神」を行っていくと、周囲の人との関わりが目に見えて変化し、心地良い、愛ある人が周囲にどんどんもたらされ、自己の周囲の光を感じるようになっていきました。

（約半年後の変化）

全ての出来事をポジティヴに観るようになると、自己がフォーカスしたポジティヴな事象が、「内にあるが如く、外にも」として反映され、シンクロする世界となっていくことをはっきりと認識しました。自己の世界の創造主は自己である！！　と。

頭ではなく、自己の中心であるハート、心に従うこと＝ハイアーセルフの意志に従うことで、自分の進むべき方向性が明確に分かるようになり、地上セルフの頭で考えるのではなく、ハート＝ハイアーセルフの意志に基づいて、行動するようになっていきました。

（一年後の変化）

この頃、大きなシフトの転機となったのは、自分が主催した満月のアセンション・ヒーリング（遠隔）のイベントでした。Ａｉ先生にもサポートを戴き、この宇宙の根源太陽神界とのコラボレーションになりました。

その時に、今までは感じたことのない、この上なく神聖で、遍く照らす母のような美しく強い愛を体験し、そのあまりに大きなエネルギーにしばらくは号泣し、茫然の状態でした。

それは翌日の朝まで続き、温かく優しい光の繭に包まれ、魂に微細で力強い振動が放たれ、ベッドも揺れる程の振動でした。

私が初めて根源神の愛を体感し、自己のエネルギーレベルが明確にシフトアップした瞬間でした。現在でも鮮明に覚えています。

アセンションとは、宇宙への愛の意志と奉仕であり、個＝全体である宇宙意識へと意識が拡大し、私は、私という存在（Ｉ　ＡＭ）であり、「何者でもあり、何者でもない」。

自己が望めば、何者にでもなれるのだと知りました！！！

（一年後～現在）

アセンションの学びを本格的に始めた最初は、「エネルギーについてよく分からない」「チャネリングなんてできない」と思っていた私が、今ではチャネリングも自然にできるようになっています。

無私の心で、純粋に、宇宙レベルの意識で、ハイアーセルフのポータルとなり、「今、全体にとって何が必要で重要か？」を常に考えることにより、高次のサポートが後押ししてくれています！！！

ライトワーク→アセンションであり、エネルギーが上昇すればするほど、シフトも日々、毎瞬毎瞬早くなる。その実感があります。

Ａｉ先生のサポートの下、自己の学びとアセンションのファシリテートの中で、アセンション・ライトワーカーとして活動できることを、とても名誉で幸せだと思っています。

皆さんにもぜひ、この上ない歓喜と至福を感じていただきたいと思います。

「神聖なる太陽の輝き」Ｋｅｎ

私がＡｉ先生のアセンション・アカデミーに参加した最初のきっかけは、アカデミーのホームページでした。当時は「アセンション」という言葉もほとんど分かっていなかったのですが、なぜか「参加したい！！」という衝動にかられて、参加を申し込んでいました。

今思うと、それがハイアーセルフの導きであったと思います。

そして、アカデミーでのＡｉ先生の御指導やアセンションの学びや、メンバーとのライトワークのコ・クリエーション（協働創造）も始まっていきました。

他のメンバーも私と同様、一見特に何か能力を持っているという感じでもなかったのですが、Ａｉ先生のアセンション・アカデミー独自のカリキュラムやＡｉ先生の個人セッションなどを通じて、次第にエネルギーがわかり、チャネリングなどもできるようになっていきました。

そして二〇一〇年に「天の岩戸開き」の本が発刊され、同時に、このテーマにおける伊勢での重要な神事セレモニーと勉強会が開催されました。これが自分にとって大きなターニング・ポイントとなりました。

それはまさに、自分とこの地上に、アセンション・スターゲイトが開いた！！　という感じでした。

その時に神宮で感じたエネルギーは、ものすごい勢いでありながら、同時にとても繊細で、神聖なるアセンションのＤＮＡを目覚めさせるものでした。

その神聖なるＤＮＡ（Ａｉ先生は、特に日本に住む人々は本来誰もが持っているとおっしゃっています）を持つ人々が、続々と我々の地上のアカデミーとプロジェクトに参加してこられました。

やはり、そんな皆さんのエネルギーはとても素晴らしく、純粋で、クリスタルのような存在でした。

私も同様ですが、続々と続くメンバーも、この地球、宇宙のためにアセンションを成し遂げたい！！という思いで参加しているとのことでした。

その純粋な思いこそが、アセンションの最大の鍵であると思います。

Ａｉ先生のアセンション・アカデミーでは、それを「アセンションの法則」（アセンション＝ライトワーク）と言っており、他人のため、宇宙のためになること（ライトワーク）をすることが唯一、真のアセンションにつながるということを意味します。

そのため、自己のアセンションがある程度進むと、本格的にアセンション・ライトワーカーとして、皆のアセンションをサポートする過程に入っていきます。

つまり、アセンション・ライトワーカーが増えるほど、アセンションはシナジーで拡大していく！！というわけです。

私はまだまだ未熟ですが、思いは、他のライトワーカーと同様、この地球、宇宙のために、アセンションを成し遂げる！！　ということに尽きます。

アセンションは誰かによってなされるものではなく、自らが参加し、ハイアーセルフと一体となり、高次とともに進めて行くものであると思います。

それを、宇宙の家族の仲間とともに創造し、新たな世界と宇宙を創造していくのです！！

その魂の絆で結ばれたメンバーによるエネルギーのネットワークは、セントラルサン・システムとも呼ばれており、自らがその太陽のネットワークの一部となって、アセンションDNAを目覚めさせていく存在となるのです！！

それは全く難しいことではなく、我々日本人の魂の奥から発せられる、やわらかく、繊細で、神聖なる輝きこそが、まさに、太陽そのものとなるのです！！

その太陽のポータル、ゲイト（＝日戸）となることが、自己および、地球、宇宙のアセンションにつながるのです。

Ａｉ先生を中心とした、根源の絆で結ばれた日戸によるアセンション・プロジェクトはまさに進行中で、今、さらなる進化を遂げています！！

この上なく神聖な、根源なる太陽の輝きによって、アセンション・スターゲイトをともに創造する、同志をお待ちしております！！

「ターニング・ポイント」白蓮

私がＡｉ先生のアカデミーに参加したきっかけは、アカデミーが発行しているアセンション・メールマガジンでした。当時は、何か自分について忘れているような、何かやることがあるような感じがしていて、しかしそれが何であるかを思い出せない。そんな思いを抱いていました。

そしてアセンションについての知識などもあまり知らない状況で参加したのですが、Ａｉ先生の下でいろいろ学ぶうちに、自分が本当にやりたいことは「この地球を光と愛で溢れる場所にするために行動すること」であると気づき、目の前に光が射した感じがしました。

そしてそれからは、その目的のために学び、進んでいきました。

私の大きなターニング・ポイントとなったのは、やはり二〇一〇年の「天の岩戸開き」の発刊と、伊勢での神事セミナーでした。

それまでの私は男性的なエネルギーが強く、今回のアセンションにおいては高次の女性性が重要だと言われているのですが、どうしても男性的な方に引っ張られるという感じでした。

しかし、この時に根源天照皇太神のエネルギーを感じ、実は私も本来は女性性を持っていて、そのエネルギーによってここまで来ることができたのだと気づきました。

男性的なエネルギーをずっと使ってきた私にとっては、驚くべき出来事でした。

ハイアーセルフのエネルギーがシフトし、今まで表に出さなかった本来のエネルギーが表に出てきた瞬間でもありました。

女性性について分からないと思っていましたが、アカデミーで学んでいくことにより、どのようなエネルギーであるかが分かるようになり、本来のハイアーセルフのエネルギーも徐々に馴染んできて、それまでの考え方や、ものの見方が変わっていきました。

より愛と光のエネルギーにフォーカスできるようになり、見るものすべてが穏やかで、優しく感じました。そして「もっと愛と光を拡大していきたい」と感じるようになりました。

今日までに、たくさんのことをAi先生から学ばせていただいています。以前はアセンションについてはあまり知らなかった私が、実際にマスター方とチャネリングができるようになるとは思ってもみませんでした。

素晴らしい愛と光の中で学んでこれたことに、本当に感謝の気持ちでいっぱいです。

これからも根源の家族と共に、Ａｉ先生の下で、愛と光が、地球、そして宇宙により拡大されるように行動していけることを、本当に幸せに思っております。

「根源へのアセンション！」――神人類、真のライトワーカーへ！　LOVE

私は二〇〇八年頃、「アセンション」というキーワードに突然惹かれ、そして「アセンション！」という思いに突き動かされ始めました。

私は特別に何かができるわけでもないのですが、それは自分には何かミッションがあるのではないか……という天命の全うへの思いでした。このままではいけない気がする！　と。

焦りとともにそう感じ出し、自分は何かをしなくては！　と強く感じていました。

誰かや何かに依存するのではなく、制限なく自由でありながら、信頼の中で統合されていく。新たな可能性の開拓・創造に向けて、自分の内なる神を信じ、１００％以上の力を発揮し続けた時……。

その時に、いつも扉が開き、愛の光・愛の力が奇跡を起こしました！
そして、愛が宇宙で一番強いということも信じていたように思います。

私は幼い頃から太陽が大好きで、そこに神を観ていました。「お天道さんは、何でも知っている」「お天道さんは、何でもお見通し」。それを揺るぎなく確信し、絶対に必ず、いつでも観てくれていると思っていました。

どこまでも遍く照らされる太陽光を全身に気持ち良く浴びて、両手を拡げて自己を解放し、深く懐かしく浸透していくあたたかい光に、何かを信じていました。

内なるハートと魂の、煌めく愛と光に溢れた中で、喜びと、豊かさを共有し、皆と共に創造していく世界に希望をもち、夢をふくらませている自分もありました。

そして宇宙の法則＝「贈ったものが返ってくる」や、ファンタジーが好きということもあり、宇宙の観えない世界や宇宙の真実の法則があることを感じ、そして真実の何かを探し求め、真実の愛の創造のために、誰かに逢いに行かないといけない……という思いをずっと抱いていました。

「真実の愛に生きる！」真に命を響かせて、今生、胸をはって、悔いなく最期は昇天したい……！　潜在能力として誰もが秘めている無限の可能性を、最大に開くことに多大な興味をもちながらも、放浪し、地上セルフがどうしていいのか分からなくなってきたその時……。

突然ハイアーセルフに導かれ、二〇一〇年の夏に「天の岩戸開き」の本に出逢い、Ａｉ先生のアセンション・アカデミーに辿り着きました。

そして、今までに感じたことのないほど魂の奥の底まで揺さぶられ、響きました！

真に究極だと感じる根源の愛と光（根源フォトン）の神髄のエネルギー！

求めていたものを、やっと見つけた！

壮大で深い愛と光の大きさと共鳴に、本当に驚きましたが、ようやくアセンションの入口まで、来ることができた！　と、深遠なる根源の愛と光の大海原とのようやくの出逢いにワクワク躍動しました。

そして、さらに驚いたことは、ただただ愛と光に溢れているというだけではなく、地上では普段は一見とても普通に観えながら、日本・地球・太陽系・宇宙のアセンションを担うトップ＆コアの、人類をサポートしていく神人アセンション・ライトワーカーに真になるための創生と育成がされていることを、ハートと魂、地上セルフ、ハイアーセルフとともに、体感しました！

愛を動機としたライトワーク↓アセンション（神化）をしていくために、一なる至高の根源母神の、不動の愛、不動の光、皇の究極の教え、究極の『奥義』がそこに在りました。

すべてを生み出し、育み、慈しむ高次の母性（皇母）の求心力がそこに在りました。

ワンネスへとつながる真の道＝神の道、愛の道を思い出し、大和の神聖なるＤＮＡが起動されていき、自らの探究も促されながら、高次のネットワークを通し、真の実地体験もさせていただく。

究極の愛と光の根源へのアセンションの柱となっている、真の宇宙の高次と地上のアセンション・アカデミーの、日々・毎瞬のどこまでも深い教えと学びがあったのです！！！

ただ、理想論を語るだけでも、人物崇拝をするでもなく、「神は、自らのひな型として人を創造した」。そして悠久の進化・成長をへて自らの親の姿へと進化していく。その真（神）の道へ導かれるものでした。

高次の自己であるハイアーセルフと一体となり、神聖なるクリスタルの神殿となり、神聖な高次の全きポータルとなり、霊・魂・体・三位一体で、真の姿と成っていく歓び！！！

そしてそれらと共に在る歓び。

個＝全体として、中今に共に生き、中今のライブの神話＝レジェンドを、コ・クリエーションしていく幸せ！！！

すべてを統合＝アセンションさせていく幸せ。

共に支えあい、共振・共鳴し、上昇・拡大しながら、宇宙の始まりから終りの、宇宙のすべてにとって重要で大切な永遠の愛の意識の成長と進化。

それをこれからも続け、神聖なる愛と意志を持ち、真の神人・ライトワーカーとなり、多くの同志達と共に、根源へのアセンションに向かっていきます！！！

「ゆるぎない愛」織日女

私がA・i先生の元で学び始めてから約一年が経ちました（まだ一年、もう一年！）。

心理学に基づくセラピーなどの講師をしていたことから、その生徒たちのアセンションもできるだけサポートしていくために、初期の頃からインストラクター・コースも並行して学んでいくこととなりました。

まさに怒涛のごとくの一年でしたが、数百年分にも匹敵する感覚の一年でもありました。

そして現在、日々様々な形で愛の発神を行いながら、関東地方でのアセンションのファリテーターとしてもライトワークを実践しています。

この一年間を振り返ってみますと、とてもたくさんの学びがありました。

その中で、今最も重要だと感じることは「神聖なる器」というテーマです。

「神聖さとは！?」「神聖なる器とは！?」。その探求を、真のアセンションへの第一歩を踏み出した、アカデミーへの参加の当初から、ずっと行ってきたように思います。

そしてもう一つ今重要と感じることは、常に自己と宇宙の「根源」とつながるということ！

アセンションに関してはたくさんの大事なことがありますが、私は今、特に「器」に徹するということが、とても重要なスタートになるものであり、そしてそれは、永遠に続くものであると認識しています。

どうやって根源のエネルギーを受け取り、それをこの地上に贈っていくのか！?

それは、自分自身が純粋、ピュアなクリスタルの状態であり、地上セルフがゼロ（ハイアーセルフが100％）の状態であるということを学びました。

この地上では、分離と統合のエネルギーがありますが、アセンションと高次は統合のエネルギーであり、愛100％の世界が、アセンションのスタートラインであるということを学びました。

初めの頃は、常にすべてをトップ＆コアから観る！　と意識していたにも関わらず、愛100％！　光そのもの！　ポジティヴ100％！　そんなことが自分にできるだろうか！?　と感じたこともありました。

しかし、この中今アセンションの真っ只中！　この中で、自分が決意している（思い出して今ここにいる）、ということを強く感じました。

「できる・できない」ではなく、「やるか・やらないか！」だけですし、このアセンションを選択したのは誰でもない、この私自身（地上セルフとハイアーセルフ）。

そして「根源へ還る」ためのこのアセンションですが、私自身、宇宙の「根源」＝親である母と父に対して、この先、何があっても揺るがない、揺るぎない、という「愛」を自分自身の中ではっきりと感じたこの一年でした。

たとえ誰もいなくなったとしても、私一人でも地球と宇宙を「護る！」＝「愛の発神」をする！！！

この「ゆるぎない愛」が、自分でもはっきりと自覚できた一年でもありました。

そのためには、この地上セルフが「全き（まったき）器」に成ること！　真に神聖な「器」でいること！

常に高次のエネルギーをクリスタルの状態で受信し（＝「器」となり）、その光を発神していくことが、ライトワーカーとしてとても大事な役割の一つであると思います。

そして「エネルギー」を真に理解し、感じるということも重要です。全てはエネルギーですから。

エネルギーだと一瞬で、意識が変わることも経験しました（魔法みたいなのです！）。

そして「根源」と真につながるということは、気がついたら、とてもとても「幸せ」なことだったのです！

そう、この一年、私は「幸せ」の中にいたのです！！！


「神聖な器」になると、その気持ちはもう決して揺るがないのです。

自信を持って言える「アセンションとは幸せに成ること」の状態を、皆様と一緒にこれから進みたいと心から思っています。


私は日々ワクワク、ウルウルしながらアセンションをしています。

それは人類、そして地球、太陽、銀河、宇宙のために、私たちが今こそ、真に愛とつながり、ゆるぎない愛と共に、この肉体をクリスタルの器にしていくことなのです。

その姿は神聖そのもので、まさにキラキラと輝く、素敵な私たちなのです。

「愛の拡大と光の共鳴」稚日女

私が本格的に「アセンション」のことを知ったのは、四年前にＡｉ先生のアカデミーに参加してからです。アカデミーでの学びはとても楽しくて、Ａｉ先生からのコメントや御指導をいつもとても楽しみにしていました。

アカデミーで学んだ中で最初に重要だと感じたのは、高次から物質世界までの全てのものが「愛」というエネルギーでできているということ。

全てが光であり、それらは波動と振動からなること。そして私たち一人ひとりが、素晴らしいライトワーカーの資質を持っており、純粋なる魂（愛と光）でできていることです。そのことを自身で実感し、体験していきました。

Ａｉ先生は、私たちのハイアーセルフを常に観てくれています。そして私たちの「愛と光」に共鳴し、拡大してくれます。

ですから、Ａｉ先生からのメッセージにはその大きなパワーが込められており、自己が変容し、様々な理解が深まっていきます。

本来の自分自身がどんな存在かがわかってきます。そして、常に自然体でいられるようになります。

それは、ハイアーセルフと一体化し、高次の存在になっていく過程でもあります。

自分自身が変わってくると、周囲の人たちも変わってきます。

家族や職場の人たちなども、笑顔になっていくのがわかります。

周囲の人たちがとても楽しそうにしているのは、私にとってもとても嬉しく、楽しく、幸せです。

このようなシフトの中で、アカデミーに参加してから半年後くらいになると、誰かに「この感動を伝えたい」と自然と考えるようになりました。この学びと体験があれば、「幸せに」なれる人がたくさんいると思えたからです！

二〇一〇年の「天の岩戸開き」の発刊と同時に、東北地方を担当する私のアセンションのファシリテートも始まりました。

まだまだ未熟ですが、きっとその幸せを伝えていけると感じていました。

実際に進んでいくと、やはり皆がとても「輝いて」いくのがわかりました。

その過程を観ているると、とても感動し、胸一杯の歓びとなります！

ワクワクと、そして真剣に自分と向かいあい、本来の自分自身（ハイアーセルフ）になっていく姿は、とても綺麗で素晴らしいものです。

自分自身が歩んできた道でもありますが、あらためてその過程を感じ、観ることは、感慨深いものがあります。

二〇一〇年の伊勢での神事セミナーの時には、「新しい宇宙のエネルギー」を観ました。

新宇宙の中心、「根源太陽神界」のエネルギーです。

根源太陽神界は、一点の曇りもない「愛と光」の世界であり、ものすごい光のエネルギーのかたまりでした。

この根源の世界への回帰が、今回の我々の最終目標であり、そしてまだまだ続く「アセンションの始まり」であることを直感で感じました。

そしてこのエネルギーを観た時に、いかにAi先生が、新しい宇宙の中心である「根源太陽神界」のエネルギーとつながり、綿密な「アセンション」のプロジェクトを高次とともにするために実行されているか、ということに真に気がつきました。

私は最初はただ天然に（！？）「みんなが幸せになれればいいな」という思いだけで進んできました。でも、この真の根源太陽につながっている高次と地上のアカデミー＝アセンション・プロジェクトは、本当に「アセンション後の幸せだけの世界」を共に創れるものであると思います。

そのエネルギーが人々につながっていきますし、つなげていく人を育て、育んでいます。そのエネルギーにつながる人、つなげていく人は、この本を読んでいる「あなた」かもしれません。

そのためには、何も必要ありません。資格などはいらないのです。ただ、自身の「愛と光」、そして「純粋なる意志」があれば誰でもできます。そして真に自分自身で、全てを創っていくことができるのです。

それが、この高次と地上のアセンション家族の中にあります。

ぜひ一緒に、「アセンション」＝「幸せ」のエネルギーを創造していきましょう！

「根源の太陽に向かって」白鳳ジャーニー

皆さまこんにちは！　私は現在、アセンションのインストラクター・コースを目指すメンバーの育成を担当し、Ａｉ先生と根源のアセンション・プロジェクトのサポートをしています。

二〇一二年を迎えましたが、皆さまのアセンション状況はいかがでしょうか。

巷のアセンション情報では、今年がその年であるとこれまで提唱されていたと思います。その情報では今年がアセンションのピークと言われていますが、結局何も起こらないではないか！？　と愕然としておられる人も多いかもしれません。

そうしたことに関連して、二〇一二年の私たち人類と地球のアセンションにとって何が必要か！？というテーマで、メッセージをお贈りしようと思います。

前半は、中今のスピリチュアル・ハイラーキーとのＱ＆Ａで、後半は重要と感じていることの探求のまとめとなっています。

（スピリチュアル・ハイラーキーとのQ＆A）

Q：二〇一二年現在の、地球と人のアセンションは進んでいるのでしょうか。私たちは何をすればよいのでしょうか。

A：アセンションは高次と地上の自然界、そしてアセンション・ライトワーカーの中心では、予定通り進んでいます。
そうではないと感じる人は、真のアセンションとは何か!?　ということを改めて見つめなおすことが重要な時期となっています。
皆さんは、外側に答えがないことをようやく理解してきたかもしれません。
私たちは、地上の皆さんが、愛と意志、地球と宇宙全体の神化のための奉仕、そして真の探究により、共に同じ目的に向かって動くのを待っています。

Q：日本は世界の雛型、人は神の雛型と言われていますが、日本とアセンションはどのように関係しているのでしょうか。

A：これは、日本のライトワーカーにとって重要なテーマであり、すべての日本のライトワーカーが探求すべきテーマです。

そして日本という国を選んで生まれてきたあなた方が探究すべき重要なテーマです。

答えは、あなたの内なる神にあります。ぜひ探求してください！

その中心で、我々は常に一つにつながっています。


（日本とアセンションの関係とは！？についての探求）

「日本」とは「太陽の元（源）」という意味があると思います。国旗も日の丸の太陽です。

日本の皇祖神は太陽神ですので、日本神話から観ても、私たちは太陽から来た（地上にディセンションした）太陽民族であると思います。

Ａｉ先生のアカデミーで、私たちの魂は神聖なる愛と光の太陽であることや、アセンションとは「神に至る道」であることを学びました。

これまで大切に護られてきた神道は、日本とアセンションに直結していると思います。


（根源のフォトンのエネルギーとＡｉ先生についての探求）

私はこれまでの、Ａｉ先生を中心とした根源と地上のアセンション・アカデミーの中で、エネルギーにして数億年分の学びと体験をさせていただくことができました。

なぜそのような学びと体験が可能かというと、Ａｉ先生が根源太陽のフォトン（究極の母の愛・光のエネルギー）でご指導くださっているからです。

それは、神人への変容エネルギーであり、宇宙で最も必要とされているアセンションのエネルギーです。

それにより、アカデミーのメンバーは、ワープ的な神化をしていくことができています。

地球は人のアセンションを待っていると思います。宇宙の根源（中心）は太陽であり、神の働きそのものです。私たち日本人が先駆けて神人類となることで、地球も、ここの宇宙もアセンションします。

日本人が真の故郷である太陽に帰り、太陽民族の本質である太陽の愛と光（根源フォトンエネルギー）を発現し、継承していくことが、宇宙全体のアセンションにおける日本人のミッションであると思います。


アセンションは難しいことではなく、本来の場所、日之元（太陽）へ帰ることであると思います。

このメッセージをお読みの皆さまの中で、真にアセンションしたい、地球と人類のアセンションに貢献していきたいという方は、ぜひ共に探求と神化を開始していきましょう！！！


「いつもともに」――神聖なる愛と光の根源太陽の下に　リタ

とても神聖で、繊細で、すべてを包み込むような、優しく温かい母なるエネルギー。

本当に純粋で澄み渡った、美しいエネルギーに触れた時、その愛と光のエネルギーこそがずっと私が求めていたものであり、そのエネルギーとともにあるその時空こそが、本当に存在していると言える命の確かな感覚だと、確信することができました。

その時に感じた、すぅーっと光が通って、全体とひとつになりながら、自然と愛を放っている自分が本来の姿であり、それが人としての真のあり方だと気が付きました。

それが、Ａｉ先生を通して地上に降ろされていた、根源の太陽の、母なるエネルギーでした。

Ａｉ先生が、その存在を通して私たちに伝えてくださっている、すべての根源である愛と光に共鳴したときに、ただ、その神聖で尊いエネルギーに涙があふれていました。

Ａｉ先生のエネルギーに包まれていると、あまりにも美しく、気高くありながら、とっても心地が良くて、落ち着くのです。ずっとここにいたい、と感じます。

自らが神聖で純粋なポータルになって初めて、純粋な根源神界のエネルギーとつながり、伝えることができると実感しています。

愛になっているから愛を伝えられるというように、すべてはエネルギーの共鳴により自然と伝わるということを学びました。

アセンションの核心とも言えるこの体験を通して、自分の中でも、とても神聖な光を大切にずっと護ってきたことに気が付きました。

そして、それはみんなの中にもあって、それぞれに美しく輝いていました。

ただ、そこに意識を向けるだけでよかったのです。


Ａｉ先生のアカデミーでは、同じ意識を持ち、共鳴し合える根源の家族とともにコラボをしながら学んでいます。本当の絆によって、つながっていると感じています。

Ａｉ先生の元で学んだことをみんなに伝えていくことこそ、自分の最も望んでいたことで、アセンション＝ライトワークをしている時が一番幸せ！　と、つくづく思っています。


今のこの世界で、愛と光そのものとして生きるためには、しなやかな意志と、継続する力も必要です。真の強さも求められています。

でもやはり、アセンションの原動力は、人としての純粋な気持ちや揺るぎなき愛なのだと実感しています。


学び始めた当初は、お腹の中にいた次女にも弟ができました。

日々にぎやかに、三人の子供たちと共に楽しみながら、時間を創ってライトワークに取り組んでいます。

アセンション・ツールとして、愛と光のエネルギーを表現したアートを一緒に描いたりするのですが、素直に生きている子供たちの感性にはびっくりすることが多々あります。

アセンションは、日常とかけ離れたどこか遠い世界のお話ではなくて、実際に今、この地上で起こっているというひとつのレジェンド（伝説、神話）であり、この本をお読みの皆さまも、実はもう参加しているのではないかと感じます。

アセンションのエネルギーは、本質的であるからこそ、とても自然なので、気が付いていないだけかもしれません。

日本人としてのDNAが目覚め、根源のフォトンに触れた時に、一気に思い出すかもしれません。楽しみですね！

「根源へのアセンションへ向かって！」　Lotus

皆さん、こんにちは！　ハイアーセルフの宇宙史では創始からですが、地上セルフの私が今生、Ai先生の下で学び始めて七年目となり、アセンションのインストラクター・コースで日々さらに学びながら、アカデミー全体の事務局や関西担当のファシリテーター（インストラクター）として実践をしています。

そしてこれまでの到底言葉には尽くせない膨大な、素晴らしい、最大の感動体験を通して、「アセンションとは！？」という実感が、二〇一二年の中今に、自己の宇宙史のまとめ、今生のアセンションのまとめの第一弾として、とても明確になりつつあります！　それは本書の核心のテーマであり、中今の宇宙史と地球史の最終・最大のアセンション、根源へのアセンションへ向かっての核心であると思います！

それは、本書を通して伝えられていますように、究極の「神聖」（神性）と、その「ポータル」（器）というテーマです。それについての私の探求は、本書の巻末で機会をいただきましたので、そこでもう少し詳細にご案内したいと思います。

私の今生の詳細なアセンション日記は、「天の岩戸開き」などに寄稿させていただきましたが、今生初めてＡｉ先生にお会いする少し前から、私の意識の中でとても大きな変化が始まりました。それは言葉では表現できない何か「核心」（確信）的な感覚であり、とても「神聖」な感覚でした。それを真剣に探究したいと思った時に、Ａｉ先生にお会いでき、それが、その核心の源であると確信しました！　ハイアーセルフが求めている核心が、そこにあると感じたのです！

そしてその瞬間からまさにその通りとなり、怒涛の、そして日々毎瞬ワクワクの、アセンションのジェットコースターとなっていったのです！！！

日々のアセンション・アカデミーとライトワーク（実践）の中で、Ａ・ｉ先生と高次を通して学ぶ内容は、まさに十歳のクリスタル・チルドレンにも理解できるようにシンプルで、かつ、無限の宇宙の高次の愛と光と叡智が込められています！！！
そこにまさに、真のアセンションの本質が表れていると感じる毎日です。

そこにつながるためには、「愛の使者」の本で述べられていますように、まずは我々一人ひとりにとって最も大切な、ハートと魂の中心ゲイトを開くこと。ハートと魂を活性化すること。すなわち愛と光を活性化することから始まります。それが、生命の源そのものであるからです。

「クリスタル・プロジェクト」の本で述べられていますように、大人も子供も、意識とエネルギーの「クリスタル」化が、ハイアーセルフと高次の神聖な「器」＝ポータルとなっていくとＡｉ先生は日々教えておられ、メンバーはそれを日々実践し、大人も子供も、素晴らしいアセンションを遂げています。

そして「天の岩戸開き」の本に込められている、根源太陽神界のフォトンが、日々のアカデミーやセミナーなどを通して、根源太陽神界から、Ａｉ先生を通して贈られます。
それは神人へシフトしていくためのアセンションＤＮＡの変容となり、メンバーは莫大なシフトをしていきます。

それを受け取り、今、自己と宇宙の根源へ向けてのアセンションを開始するために、そのポータルとなるのは、自己の内なる愛と光です。

自己の中で最も大切なものであり、最も神聖なものであり、その核心なのです！！！

今こそ、その扉を開く時が来たのです！！！

根源へのアセンション！　それは、自己と宇宙の愛と光の根源への回帰なのです！！！

「神聖の開花」　直日女

唯一最大のアセンション・エネルギーは、根源太陽神界から贈られている根源のフォトンと呼ばれる、一なる至高の根源の光です。それは神人への変容エネルギーそのものであり、そのエネルギーによって人の神聖ＤＮＡが目覚め、自己の究極の本体とつながり、大ワープし、大シフトを遂げていきます。

私がＡｉ先生のアカデミーの門をたたいてから約四年となりますが、他のメンバーと同様、もはや別人ともいえる大シフトを経験してきた最大の鍵は、この神人変容のフォトンを、常に贈られてきたことにあります。

我々は、根源太陽神界からＡｉ先生のファシリテートを通して贈られる神人変容のフォトンによるシフト、進化の、いわば「証人」でもありますが、みなさんと同様、この宇宙と地球の最大のアセンション・イベントのために役に立ちたいと願い、そして、立候補することから、そのすべてがスタートしました。
そして、究極に神聖な宇宙の高次の愛と光、その叡智を学び、実践＝ライトワークを通して、そのエネルギーを受け取り、さらなる変容を経験してきました。そのプロセスのすべてが、自己の宇宙史、地球史上最大の感動であり、歓喜の連続であることは、メンバーの体験談からも伝わるのではないかと思います。

日ノ本と呼ばれる日本に生まれた我々日本人は、根源太陽へのアセンションへと向かう神人のひな型となるミッションを持っています。一なる至高の根源＝根源太陽から、その「分身」として生み出され、宇宙史すべての成果を統合して、今、その根源へと帰還しようとしているのが、この中今です。
帰還とは、自己の神性＝神聖の開花そのものであり、そうなることで、自らも根源太陽の愛と光そのものであるフォトンを継承し、中心から発するようになっていきます。そして、その一人ひとりの神性の光の拡大が、この地球を核とした根源へのアセンションへとシフトさせるエネルギーそのものとなります。

「天の岩戸開き」や「愛の使者」の本にも明示されている通り、根源へとつながるアセンションは、自己の神性そのものの始まりであるハイアーセルフ＝魂とつながり、その全きポータル（器）となることからのみ、始まります。
根源の光＝根源の太陽から生まれた自己の本体とは、その神聖なる愛と光そのものです。我々地上セルフが、その究極に神聖なポータルとなることによってのみ、根源への帰還という宇宙史上最大のクライマックスとなる二〇一二年のアセンション・スターゲイトが開かれます。

それは、一人ひとりの内側から起こることであり、全体のエネルギーそのものでもあり、根源へのアセンションとは、そこに立候補し、実働する者が贈り、贈られる、神聖なる高次とのコ・クリエーションです。

「自己の中心でそうであると感じることのみが、真実である」とA・i先生がよくおっしゃいますが、ここに書かせていただいたすべては、私自身の体験を通して知った宇宙の真理であり、「真実」です。

根源へのアセンションという素晴らしいイベントへの貢献は、根源的な感動、歓喜そのものです。その参加者としての感動を、みなさんと共有できれば幸いです。

「根源に還る」国丸

皆さん、こんにちは！　私の今生の本格的なアセンションは「天の岩戸開き」の本から始まりました。

そして現在、インストラクター・コースでは最年少のファシリテーターとして、皆さまのアセンションのサポートの一端を担わせていただいています。

いよいよ二〇一二年もクライマックスですが、この本を手に取っておられる皆さんは、「アセンション」に関心がある方々と思います。

この地球と宇宙の最大最終アセンションの中今に、私自身のアセンションの体験を一つのサンプルとしてお伝えしたいと思います。


「道は愛から始まった！」

私の今生のアセンション＝次元上昇は、ずばり、「愛」から始まりました！　それはまさに、私自身のハートの愛からでした。

中今、地球と宇宙は高次の各界からの膨大な愛と光のサポートを受けていますが、一人ひとりから観ると、やはり自ら愛を出すことから始まるのだ、ということをアカデミーで最初に体験しました。

そして「愛」そのものの進化として、中今も体験し続けています。

それはまず、愛の「エネルギー」をハートから出し、誰かに伝えることによって拡大していきました。

胸に手を当てて、人々が、地球が幸せになってほしいと心から願い、活動することそのものが『アセンション・スターゲイト』なのだ、ということをリアルに体験してきたのです。


「神聖なクリスタル化」

私が重要と感じた、二つめのアセンションのポイントは「神聖」でした。

「神聖」とは、どういう状態でしょうか？　さまざまな観点があると思いますが、私の体験から感じることは、「神聖とは、高次の器になっている状態」ということです。

「高次」というのは、まずは自身のハイアーセルフのことですが、一人ひとりからすると、それを通して、無限の愛と光のネットワークが高次には存在しています。

地上セルフが、クリスタルのような澄んだ器に成ることは、実に神聖なことではないでしょうか？　つまり地上セルフを通して、高次と全宇宙の願いである一人ひとりと全体のアセンションのための神聖な器となる、ということなのです！

ゆえにアセンションとは、無限の神聖な高次と一体化していくことであると言えます。

「根源から来て、根源に仕え、根源に還る」

今までのアセンションの体験を通して、「根源から来て、根源に仕え、根源に還る」ことが、何よりも、比べようがないほど、重要なことだと体験しました。

根源とは、万物の根源であり、究極の愛の光。根源の太陽そのものです。

すべての根源が根源です。そしてそのエネルギーが中今、地球に降ろされ、つながることができるということは、奇跡としか感じられません。

自らが愛のライトワークを決意し、神聖になることで、それに気づく準備が整います。

そして根源の愛の光は、日戸（人）というポータルを通して降ろされるので、根源太陽のポータルに成るという、日戸とのつながりがあって初めて、その途方もない、貴い愛を思い出します。「つながり」とは、愛を贈り合う『絆』です。

私は二〇一二年新年のＡｉ先生の公式セミナーで、特にそれを体験しました！

Ａｉ先生がポータルとして、その根源の愛と光のエネルギーを降ろされたからです。

その意識と光は、私たちがこの宇宙に生まれた創始から、永遠に私たちを見守り、導いてきたのだと私は思い出しました。それが根源の太陽であり、万物の母なのです。

これを思い出すことは、私たちが日本人としての真の天命、神命を思い出すことと同じであると感じます。なぜなら、途方もない永い宇宙史を経て、今ここに、日本に生まれてきた私たちにとって、その根源の、皇御親の、究極の愛と光を全宇宙に伝えることが、最も重要なミッションだと思うからです。根源の愛の光を伝える神聖な器こそが、私たちの真の本質であると感じます。

最後に御神歌を、自己の究極のハイアーセルフ＝根源の御神体＝根源の子供から受信しましたので、これをもって、そのエネルギーを皆さまへお贈りしたいと思います。

日のもとに　日戸の集ひて　八十鈴響き
貴き光の　君が代　来たらん

「根源へのアセンションへ向かって」めぐみ

私がＡ.ｉ先生のアカデミーに出会ったきっかけは、Ａ.ｉ先生の御著書である「天の岩戸開き」を読んだことでした。私は、それまで自分にスピリチュアルな能力があるなんて思っていなかったのですが、「天の岩戸開き」を読んだ時に、初めて、明確にエネルギーというものを感じました！

それは、全身がビリビリするような感覚でした。本から出ているエネルギーが、あまりにも膨大で、一行読むごとに眠ってしまいそうになるのです。そしてその内容には、地上セルフのこれまでの知識では信じられないようなことばかり書いてあるのですが、なぜか私の魂は、そのすべてが真実であることを知っているという確信がありました。

「天の岩戸開き」の本には、一なる根源神界のフォトン・エネルギーが膨大に込められています。そしてそのエネルギーは、宇宙期最大のアセンションの始まりを告げる、根源神界からのクラリオン・コールだったのです！

一なる根源、大いなる全て、呼び方は様々ですが、宇宙の全ては、宇宙の創始に、一つの源から産まれたのです。そして根源から分かれて、長い長い旅をしてきたわけですが、中今は一つの宇宙期の集大成のときです。

「天の岩戸開き」は、私達全ての産みの親である一なる根源神から、子供たちへの目覚めの呼びかけだったのです！

このクラリオン・コールにより、私は今回地球に生まれて来た目的を思い出しました！

それまでは記憶喪失状態で生きていたのです。

そしてその目的は、一人では達成できないことも分かっていました。

私は子供の頃からグループが苦手で、一人で遊ぶのが好きだったのですが、Ａｉ先生のアカデミーへの参加には、全く迷いがありませんでした。

このアカデミーには、私のソウルメイトとも呼べる宇宙史全てを通しての仲間達が集っていたからです！


Ａｉ先生のアカデミーでの学びは、多次元にわたり、非常に膨大で、ものすごく高度なのですが、その内容の核心はシンプルで、子供でも理解できるものです。

私達は、様々な宇宙史を経て、地球に辿り着きました。その宇宙史を統合させていくためには、先ず、一なる根源と繋がることがとても重要です。

なぜなら、私も皆さまも、あらゆるすべては根源から産まれたからです。そのことを思い出した時、自分は一人ではなく、宇宙の全てと繋がっていることが分かります。

そして、宇宙の全ては、一なる根源とのコ・クリエーションで成り立っていることが分かります。

私が感じる一なる根源のエネルギーとは、究極のウルウル、無限の幸せです。

それは、宇宙すべての大いなる母の愛のエネルギーなのです。

今回の宇宙期最大のアセンションでは、一なる根源と繋がり、そこを目指して地上から根源まで全てを統合していくことが可能です。

そして、新しい宇宙へと進化していくことができるのです。


今、この本を読んでおられる皆さまのハイアーセルフは、そのことを知っているはずです！皆さまのハイアーセルフも私のソウルメイトなのです！　同じ時期に、同じ目的で地球に来たのです！


その目的とは「地球維神」です！　宇宙中の仲間達と共に、一なる根源の愛を地上へと拡大して行くことです。

仲間達との「絆」そして、一なる根源神の「愛」。

それは、宇宙で最も重要で大切で、かけがえのないものではないでしょうか。

その愛と絆のネットワークが、地球中に広がれば、きっと地球は、宇宙で一番美しく光輝く星に成るでしょう！

私はそう信じています。そして、もしかしたら地球の未来こそが、根源の（皇の）星になるのかもしれないと感じています！

「果てしない旅の向こうに」菊香

「私のこの命をどのように活かせばいいのか！？」私は子供の頃から、いつもそれを考えていました。四十数年間も地上でその答えを探し求めていましたが、今から二年前にＡｉ先生のアセンション・アカデミーに参加して、ようやくその答えを見つけたのです！

その答えにたどり着くまでは、気の遠くなるような果てしない旅をしていた感じですが、Ａｉ先生と根源の魂の家族の集うアカデミーにたどり着くと、驚きの速さで答えを思い出したのです。

アセンション・ワープのジェットコースターに乗った気分の二年間でした！　地上セルフの意識ではとらえきれない自己の変容とともに、「自己の命の活かし方」＝ミッションが明確になり、そして、それは現在進行形で進化しています。

Ａｉ先生が主催されているアセンション・アカデミーは、中今のアセンションのトップ＆コアを担っています。

この地球、宇宙、人々がアセンションするために、全体として、個として、中今必要なことが明確であり、システム化されており、驚くほど合理的に少しの無駄もなく、全体と個のアセンションが進められています。

それは「アカデミーでの学び＝全体のアセンションのためのエネルギーワーク＝ライトワーク＝個のア

センション」となっているのです。

これは、今回の宇宙最大で最終アセンションの、中心となる高次と地上の事務局となっているからであると思います！

さらに何より素晴らしいのは、アカデミーでありながら、メンバー同士が根源の魂の家族であること！

根源の愛と信頼の絆で結ばれていること！

地球維神（今回の最終最大のアセンション）を成し遂げるという、同じ目標に向かって強い意志で心を一つにしていることです！

皆が宇宙への奉仕＝愛という動機に基づいて、各自のミッションを遂行しているのです！

このような根源の魂の家族に、この地球の地上で出会い、宇宙創始に決めた自己のミッションを遂行しているという現実が奇跡であると感じます。

「上にあるがごとく下にも」。地上に居ながらにして根源へのアセンションを我々は体験中です！

この三次元の地球で、根源のエネルギーにつながり、根源の魂の家族とともにライトワークを行うことは、最大最高の歓喜であり、宇宙で一番の幸せだと感じます！

まさに、根源へのアセンションとは、この地上で、多次元に存在する自己のハイアーセルフ、そして、創始からの自己の宇宙史を統合すること。
根源のアセンション・プロジェクトを担うこと。

それが、真の根源へのアセンションそのものであると体感しています！！！

「アセンションへの参加！」Ｇａｉａ

Ａｉ先生のアセンション・アカデミーに出会ってから、アセンションとは参加するものであり、毎瞬、協働によって創造していくものであることを学びました。
そして、自己の心の内に感じる最も神聖な愛と光にフォーカスし、それを拡大することがアセンションのプロセスであると実感します。

自分が見たもの、感じたものからその現実は創造されていることを、ご存知の方は多いと思います。
アセンションに参加するということは、自己が感じる最も神聖な愛と光に意識を合せている状態であると言えると思います。

そして本当の神聖さの中には、自己という個我が介入する余地の無いことに気付きます。

外にある情報ではなくて、内に感じるエネルギーにフォーカスする時に、知識としてではなく、自己の体験としてエネルギーを知ることができるということ。

体験したことが真実で、自己のシフトとなり、そのシフトの積み重ねによって、アセンションをしていく！　そのことをアカデミーで実体験として学びました。

同時に、アセンションを体験することは、常に飛躍、進化しつづける神聖なエネルギーの体験の連続であることも知りました。

今、日本に降ろされている根源太陽神界のアセンションのエネルギーは、海外から日本へ入るたびに「あぁ、やはり日本は特別だ」と圧倒されるような神聖さと愛の深度を感じます。

日本にいてそのエネルギーに気付くことが、今とても特別なことで重要であると思います。

同じ事象に対しても、何を感じるか（感じないか）によって、体験する現実が様々です。今までに私がわかったことは、一瞬にして何年分ものシフトに値するエネルギーが降りてきた時に、自己が純粋な器でないとそれに気付くことはできない！　ということです。

自分が今までに物理次元で蓄積した知識や情報が邪魔になって、純粋で繊細なエネルギーを感じることを妨げていたと気付くことが度々ありました。

「愛の使者」の本にも書かれていますが、「頭で考えるよりも、ハートで感じることが、自己の永遠の本体であるハイアーセルフにつながっていき、アセンションにつながっていく」ということ！　今までの自己のプロセスを振り返ると、ハートが大事であることを何度も思い出すことにより、これまで前進できたのだと感じます！

Ａｉ先生が御指導されている莫大なアセンションのプロセスの中でも、特に入門となる「意識のクリスタル化」と、「愛のセンサーであるハートを開く」ということは、真のアセンションのはじめから最後まで、ずっと大切なポイントであると日々感じています！

そしてアセンションとは、まさに参加するものであると！！！

「自ら太陽になること」天野照子

皆さまこんにちは！　私は約四年前にＡｉ先生のアセンション・アカデミーに参加しました。以前からアセンションに関心があり、もっと本格的に学びたい！　と思ったからですが、実際にＡｉ先生の下で学び始めてみて、アセンションがどういうものか、自分は何をすればいいのかが分かってきました。

まず思ったことは、アセンションとは、日々のライトワークとして起こっていくこと、そしてそれは、とても楽しい！　ということでした。

ハイアーセルフとともに、愛と光の存在に成っていくことは、自分自身の光を思い出し、魂を輝かせていくことであり、すべては愛から始まる、ということです。

本格的なアセンションの学びと実働に入って四年目ですが、アセンションとは永遠無限のものであること、永遠に進化し続けることなのだと実感しています。

そしてアセンションとは楽しいものであり、幸せであると感じています。

宇宙の法則はとてもシンプルで、その法則の下に生きていくことにより、自分の思った通りに成っていきます。

ポジティヴなことに目を向けていれば、ポジティヴな現実に成り、自分が意識を向けることが、エネルギーとなって、現実になっていきます。

なぜなら、唯一ともいえる宇宙の法則は、「贈ったものが返ってくる」からです。

愛を贈れば、愛が返ってきて、光を贈れば、輝く光が返ってきます。

先に「贈る」から、結果として、自分に返ってくるのですね！

それはシンプルでありながら、宇宙、そしてエネルギーの本質であると思います。

自分から愛を贈ると、相手の愛が広がり、自分から光を贈ると、相手の光が輝き始めます。自分から贈ることで、他者の中にある光が輝き始めることは、とても美しいですね！

もし、皆がこのように愛を贈りあったら、地球はすぐにでも、愛の星になっていくでしょう！

そのことに気が付いた時、アセンションとは「幸せ」だと思いました！

そして実際に、アセンションをすればするほど、幸せになりました！　そして今、自分だけではなく、周りの人々にも、その幸せなエネルギーが伝わっています！

人は魂を持っています。その光は、宇宙の中心にある光と同じであり、誰でもその光を輝かせて、自己の中心から宇宙の中心へつながることができます。

もし、自分の光が誰かを照らし、相手の光を輝かせることができたら、とても嬉しいですよね！

そして、ライトワークを重ねていくことにより、それが自分のミッションなのだと分かったのです。ある時、ハイアーセルフから、「自ら太陽に成れ」とメッセージが届きました。

自分の魂を太陽の分御魂として、太陽のように輝かせること！　太陽のように自己の光であまねく照らしていくこと！　それが今世、自己の命を最大に活かし、アセンションしていく道である、という意味です。

命とは、イコール、ミッションと言えるものであり、自分の人生において、全力で成し遂げていくものです。

今、私はアセンションのファシリテーターとして、メンバーとともにライトワークをしています。皆の愛と光が、どんどん強くなっていき、皆でコラボをしていくことは、幸せな瞬間の連続です！

一人だけの力ではなく、皆で協働し、高次のスピリチュアル・ハイラーキーと協働していくことは、素晴らしいライトワークであり、ワクワクします！


その愛と光は、地球の中心まで伝わっていきます！　地上のすべてが愛で溢れるためには、愛と光のライトワークあるのみです。ライトワークとは地球と宇宙のためであり、根源へ帰還することが今回のアセンションです。

地上が光り輝き、地球がまるごと愛の星としてアセンションするために、全力全開で、臨んでいきたいと思います。

みなさまに、最大の愛をお贈りします。愛と感謝を込めて。

「ワンネス」天鏡（あめのかがみ）

「宇宙は、たった一つの光子・根源のフォトンから生まれた！」

Ａｉ先生のアセンション・アカデミーでの学びは、この根源のフォトンを知ることから始まりました！

※これらの核心は、地上のＡｉ先生から直接教えてもらうものではなく、アセンションが進むにつれて、ハイアーセルフとともに「分かっていく」ことであると言えます。

根源のフォトンがあらゆる全てを産み出した。私たちの宇宙の親とは「皇御親」であり、宇宙に存在する全てが、皇御親の愛する「子」であり、アセンションとは、子（人・地球・宇宙すべて）が成長し、進化していくことであると理解していきました。

宇宙を表す「マルテン」が象徴する重要なことは、創始の根源フォトンを表しており、円のその中央のテンが根源のフォトン＝皇御親であり、周りのマルが皇御親により産み出された全て＝宇宙である、と思います。

このことを明確に理解した時に、宇宙自体が一つの家族であり、すべては繋がっている＝ワンネスであることを真にイメージできるようになり、マルとテンは相関関係にあることが理解できました。

では、宇宙万物の親である皇御親の願いとは、どんなものでしょう？　我々の高次と地上のアカデミー、そして高次と地上の根源の家族では、宇宙の中心に愛と光を贈る、集めるということをよく行っています。

そしてこの実践をすることで、徐々に皇御親のエネルギーとつながっていきました。エネルギーとは双方向性であり、「意識を向ければ、繋がる」のです。

皇御親の願いとは、地上の親と本質は同じであり、「愛する子が健やかに、真（神）の姿へと成長しながら幸せになること」であり、皇御親は、子の成長・進化・アセンション成就のため、ただ、ただ、愛を贈り続けてくれているのだと、探究するほどに実感してきました。

そしてアカデミーでの多岐にわたる学びの中、この万物の親である皇御親の宇宙一深く、大きな至高の愛を探求することこそが最も重要であり、アセンション成就の鍵であることを、徐々に理解してきました。

宇宙の根源、自己の根源である皇御親へ愛を贈る。このことを毎日、毎瞬、意識すること。それを現在も続けています。意識を向ければ向けるほど、愛を贈れば贈るほど、宇宙の皇御親とのつながりが強くなっていくのが感じられます。

この実践の中で分かったことは、皇御親からの愛は、実は宇宙の創始から、常に贈られていたということです！

根源のフォトンは、太陽系では太陽となり、愛という光で遍く照らしているのだと実感しました。それは無条件の愛であり、無償の愛です。

宇宙が生まれた時から、実はそのように全てに愛を贈ってくれていたのだと、感謝と共に実感しました。

ですので、贈られている愛に、私たちから意識を向けるだけで繋がるのです。

しっかりと繋がった時は、ウルウル……と、魂から泣けてくる感動のような感覚として湧いてきます。それはみんなに共通のサインです。その「ウルウル……」のエネルギーを言葉に置き換えると、「どんなことをしてでも、子である全てを護り、助け、育みたい。そのためであったら、この身を呈してもいとわない」というような究極の女性性・母性愛であり、慈愛そのものです。そして同時に浮かぶヴィジョンは、黄金の菊花です。

このエネルギーが、「君が代」のエネルギーであると思います。

皇御親の愛の探求は、自己の意識を徐々に皇御親の視点へと引き上げてくれました。それは、利己から、利他へ。個人のためから、全体のためへ、つまり常に全体のために在るという姿勢です。そして、みんなは一つ、ワンネスである、と！

すべての探求はまだまだこれからですが、この至高の愛こそが、最終・最大アセンションを成功させるための決め手であると確信しています！　なぜなら「至高」であり、最強・最高の愛であるからです。

その愛を地球に降ろし、つなげるためには、私達「子」が皇御親の愛に同調し、そのポータル・器となって、自ら至高の愛を発現することであり、それがこのアセンションを成しえるのであると、高次や日本・地球のことが分かるにつれて実感していきました。

皇御親の愛の探求は、その至高の愛と同調し、自らもその至高の愛になっていくというプロセスともなっていたのです！

人は『神のひな型』であり、『神人と成ること』がこの宇宙の目的であるとも言われています。これまでに様々な場所で、様々に予言されていた『神人』の誕生。その真の姿が、中今、人の魂を通して具現化されつつあるのを感じます。

この宇宙の目的を達成した時に、真のアセンションが達成される！
実はその日が間近であることを、皇御親とともに確信しています！
そして、より多くの家族の皆さんとアセンション後の愛の地球で喜びを分かち合いたいと心より願っています！

「根を張って生きる」那美

皆様、ごきげんよう！　再び、皆様と出会う機会を戴いたこの恩恵に感謝致します。
さて、この感謝。感謝とは、愛の現れのひとつです。感謝している時、わたくし達の心は穏やかで幸せを感じています。

わたくし自身の神化（進化）を振り返った時、一番感じることが、常に感謝の想いと共に在るようになったということです。

お日様に感謝、雨に感謝、大切な子供達はもちろん、すれ違う人達にも感謝！　といった具合に、全てに対して感謝の念が湧いて参ります。


それは、何故かと申しますと、相手の中に常に「愛を観る」ということをＡｉ先生から教えて頂き、実践しているからでございます。やはり、こちらも全てにおいて、どんな時でももと申し上げておきましょう。表面に囚われることなく、相手の中の愛だけを見る時、真実の姿が浮き彫りになり、涙することもあるくらいです。その方の存在が、身を呈して、わたくしに「愛であること」を教えて下さっている、そんな風に感じます。


とはいえ、約四年前に先生のアセンション・アカデミーに入り、アセンションの道を歩き始めたばかりの時には、まだどこか他力本願なところがありました。

しかし素敵な仲間達と共に学び、実践し続けた結果、アセンションとは、自らが創造するものであることが分かりました。

そして、更に素晴らしいことに、その創造のプロセスにおいて、わたくし達の人格が磨かれ、神格がアップされていくのです！

人は、進化（神化）・向上する為に生まれてきました。それを可能にするのが、アセンションなのだと分かった時、どれ程嬉しく、心躍ったか！！！


それは正に、魂が望んでいたからだと分かります。

アセンションとは、真理に則った生き方を選択し、実践することで創造することができます。つまり、愛に基づいた生き方をすることとです。

しかしながら、まだまだ地上の社会では、それを貫くことは容易ではありません。

でも、今この時代に、ここに生まれてきたということは、アセンションの為と言ってよいでしょう！

その魂の望みを、肉体を持つ人としてのわたくしたちが叶えずして、誰が叶えるのでしょうか！？


こうして、諦めず、たゆまず、既成概念を壊しながら、真理に則って生きることにより、わたくし自身の根が地中深く、広く張られ、どっしりとブレなくなって参りました。

地球や人々に愛を贈ることを一義に生きてきた結果、何のことはない、自分の為にもなっているというわけです。もはや、少々の雨風には負けません。


更に、興味深いことは、世に言う「引き寄せ」がどんどん起きていることです。

全てはエネルギーですから、愛や感謝、歓喜といったエネルギーを贈り続けていると、何倍にもなって、わたくしたちの下に返ってきます。

すると、また有り難くなってしまうので、感謝していると、感謝したくなるようなことがまた起きる……このスパイラルの中に在ることができています。

おかげ様で、シングルマザーとして、こちらもミッションと言えるマナーやコミュニケーションの講師をしながら、師匠と言える子供達を育て、同時にアセンション・ファシリテーターとして、愛として愛に生きる人を創出育成するライトワークも行っておりますが、いつもタイミングよく志事《しごと》が入ったり、必要な状況を引き寄せたりしております。

念のためにお断りをしておきますが、目的がそれではなく、結果としてそうなった、ということです。

しかし既に時空としては、それが可能な環境ですから、不思議なことではありませんし、更に加速していくでしょう。それがまたとても愉しみで、ワクワク致します。

確かに、アセンションによりチャネリングができるようになったことや、引き寄せなどは、嬉しいことではあるものの、それが全てではありません。

やはりわたくしは、自らが成長を実感できること、大切な仲間達も神化し続けていること、新たな仲間が増え、彼らも本来の美しさを取り戻していることを体感できることが一番嬉しいことでございます。

今、これをお読み下さっている皆様は、アセンションの道を歩くミッションがおありであると思います。

ミッションがあるということは、その為の能力や資質も備わっているということです。でも、ドアを叩かなければ、皆様ご自身が求めなければ、開かれません。

まだまだ発展途上のわたくしですが、今後も、日々精進に努め、わたくしの大好きな日ノ本の国に、キラキラ輝く人達を増やしていきたいと存じます。

宜しければ、共に、この道を歩きませんか！

「意識の進化」司

私がAi先生のアセンション・アカデミーに参加したのは、約四年前です。当時、海外にいた私がどのようにして日本に帰国し、日本でライトワークをするようになったかについては、「天の岩戸開き」の本に寄稿させていただきました。

今回はその続編で、アセンション＝意識の進化についてです。

アセンションを志すと、それまでの価値観や人生観が大激変します。

ライトワークを続けていると、アセンションの様々な側面を体験します。

アセンションの様々な側面とは、「意識の進化」、「意識の拡大」、「愛の拡大」、「分離から統合へ」、その他、無限にあります。

私がアセンションへの道を歩み始めた当初は、人類のアセンションのために、とにかく一人でも多くの人にアセンションについて伝えなければならないと思い、まずはそれまでにアセンションについて学んだ「知識」を人々に伝える活動（勉強会など）を行っていました。

確かにその過程でも不思議なことが起こり、「人々と地球と宇宙のために」という意識になると、私個人の様々な三次元的な問題は消えてなくなりました。

しかしその頃はまだ、私の意識は三次元的で、アセンションにおいて最も大切な「愛」、「エネルギー」、「高次」、「根源」といったものを強く意識していたわけではありませんでした。

このことに気づいてからは、意識的に「愛」を中心に感じ、考え、言葉を出すようになりました。そうすると、それまで男性的なエネルギーが強かった私も、「女性性」「母性性」の重要さを深く認識するようになりました。

自分と人のエネルギーに強く意識を向けるようになってからは、自分のエネルギーを高めること、そして「愛になる」ことに夢中になりましたが、それは、「根源」に意識を向けることと同じでした。

昨年の秋に、アカデミーでの重要な集まりの一つがあったのですが、その時に、かつて体験したことがないほどのエネルギーの高まりを感じていました。この状態は絶対に維持していこうと決意していた数日後に、神秘体験など一度も経験のなかった私が、一生忘れることができない体験をしました。

午前四時頃に、眠っている私の全身を、言葉では表現できない強烈なエネルギーが突き抜け、びっくりした私はベッドから飛び起きたのですが、次の瞬間には大声で号泣していたのです！　一瞬、頭では何が起きたのかわからなかったのですが、すぐに自分が「根源の愛」の中にいることを理解しました。

あまりにも大きなエネルギー、あまりにも深い愛！　それはどんな言葉を使っても表現することはできないのですが、「こんなにも愛されているのか！！」という、生まれて初めての感覚の中で、涙が止まりませんでした！

ただ、「この究極の愛に応えたい！」と思うばかりでした。

書物で神秘体験を読んだことはありましたが、意識が極限に高まっている時、実際に至高体験をするのだということを、この時に身を持って知りました。

その後は太陽を見ると不思議な懐かしさを覚え、太陽とフォトンを観るだけで、愛の中にいるように感じるようになりました。

もし人があの「愛」に触れたら、すべては一変すると確信しています！

そしてそれを体験したなら、そのとてつもなく大きく神聖な愛のほんの一部でも、私が発現していき、その「根源の愛」に触れる人が増えて、そのエネルギーを発現していくようになれば、確実にそのエネルギーは人々と地球と宇宙に波及していくと確信しています！

Ａｉ先生を頂点（中心）とするアセンション・アカデミーでの学びは無限であり、そのプロセスの中で「意識の進化」において必要なことに気づき、成長していくことに喜びを感じています。

現在、ファシリテーターとしてメンバーの育成にあたっていますが、指導を通して自ら学び、またメンバーたちもライトワーカーとして日々、意識が進化し、愛が拡大していることに、大きな希望を感じています。

そしてこの動きはまもなく加速度的に大きくなり、多くの人が目覚め、地上において大変革になることを確信しています！

「アセンション～愛と絆とともに」ひふみ

アセンション・ライトワーカーの皆さま、こんにちは！　私が先生のアセンション・アカデミーに参加をしてから、四年と少しが経ちました。

現在、アセンションのファシリテーターとして、中部地区の皆さんと共にアセンション・ライトワークを進めています。毎日、愛と光と歓びに溢れ、ワクワクしています！

参加から中今までを振り返りますと、あまりの濃密さとスピードに、何回か生まれ変わったのではないか？　と思うほどです。そしてきっと、エネルギーでは今、この瞬間も常に生まれ変わっているのだろうと思います。過去も未来もなく、ただ中今にある。それを体感する日々です。

参加をして最初の一年半位は、主に自己のハイアーセルフのネットワークとの繋がりを確立していきました。メイン・ファシリテーターのＡｉ先生の御指導の下、自身が「気になる」「惹かれる」と感じるものから、ハイアーセルフの繊細なサインを辿り、自身の宇宙ＭＡＰをどんどん拡げていきました。毎日が新たな発見の日々であり、エキサイティングでワクワクの日々でした。

今となっては、それができたのは、Ａｉ先生の下だったから！　ということがよく分かります。この宇宙の全ての歴史と系統を含むアカデミーであるからこそ、神界やハイラーキーや天使など、どこかの系統に偏ることなく、意識と内なる宇宙を拡大していけたのですね。

そしてまた、全てを含むからこそ、全てを統合できるのだと思います。

そうして高次との繋がりを拡大していきながらも、「全体の中の個」「個の中の全体」を意識し、常に「トップ&コア」から考え、動くことの重要性などを教えて頂きました。

それにより、意識が「拡大」すると同時に、自分の中心軸も確立し、「統合」となっていきました。それはアセンションに関する知識が増えた、ということだけではなく、常に中今の自己の中に全てがあり、常に更新しているという状態となり、自由、歓び、そしてワクワクはますます日々拡大し続けていきました！

そしてその状態が、アセンションしていると言えるのだな、と感じるようになりました。

また、アカデミーでは、「エネルギー」についての学びも、とても大切なものとして実践を伴いながら進められました。私たちは日々、様々なエネルギーを送受信していますが、無意識でいることがほとんどです。愛や光、歓びといった、アセンションにプラスとなるエネルギーにフォーカスすること。そしてそれらを拡大し、ハートから発信することなどをじっくりと学びました。

そうした実践を伴う学びの中で、漠然としていた「愛」や「魂」についての概念も、すっきりと自分の中で理解できました。そして、現実世界の全てを創造するのはハイアーセルフであり、ハイアーセルフと共にあることが重要であること、様々な高次の存在と共にアセンションを推進していくには、まずはハイアーセルフと一体化することが重要であることを学び、実際に体感していきました。

それらの学びと共に、自己のミッションについても明確になっていきました。参加当初から、将来的に、宇宙の真理などについて教えることができたらと考えていたのですが、それはＡｉ先生のアカデミーの内容そのものだと気が付きました。

一人でも多くの、真のアセンション・ライトワーカーを育てること。そしてその動きを拡げていくことで、地球アセンションの動きそのものを創っていくこと！　自己の学びはそのためのものである、と明確になり、インストラクター・コースへと進みました。

そしてたくさんの学びを経て、いよいよファシリテーター（インストラクター）として指導もする立場となりました。スタートしてすぐに感じたことは、これまでにＡｉ先生から、どれほどたくさんの愛を贈って頂いていたのだろう！　ということであり、それを心から実感しました。

その愛があったから、これだけのスピードでアセンションが進んだのだということが分かり、改めて「アセンションとは何か？」についても考えることとなりました。

アカデミー＝学校ですので、先生と生徒の関係性ですが、Ａｉ先生を母とした一つの大家族でもあると言えます。誰かが優れているとか、劣っているということはなく、一人ひとり皆が素晴らしく、皆が各自の個性を輝かせながら繋がりあって、共に成長していく。

その家族の絆というものを思った時に、宇宙の進化、成長についても深い理解が進んでいきました。

また同時に、女性性、母性性の大切さにも気付きました。Ａｉ先生がアカデミー全体の母であるのと同じく、ファシリテーターもまた、担当する皆さんの母であるということをＡｉ先生から学びました。ちょうど同時期に妊娠、出産を体験していましたので、「母なる愛」についても深く学びました。

これから迎える統合の時代には、求心力、高次の女性性、母性というものがとても大切な鍵ではないかと思っています。それは育む愛であり、全てを包み込み、昇華する愛。

アセンションとは一なる愛への帰還でもありますから、その学びの中でも、常に中心にあるものと言えると思います。

私は今、中部地区のアセンション・ライトワーカーの育成を担当させていただき、皆さんからの日々の気づきや学びのレポートに、とても感動しています！

皆さんとの絆が深まるにつれて、それらがかけがえのない尊いものであると感じていますし、一人ひとりの成長を心から嬉しく思っています。

そして、ハイアーセルフとともに、自己が最も望んでいたことを、日々愛と光と歓びの中で、強い絆の下、ライトワークとして実働できている今を、本当に幸せだなと実感しています！

一人でも多くのライトワーカーの皆さんが、真に自己と宇宙の中心と繋がりながら、愛と光と歓びとともにアセンションしていけるように、これからもファシリテーターとして自己の研鑽に努めてまいります。

アセンションに関心をお持ちの皆さま、是非共にこの素晴らしい愛と絆で、アセンションを創造していきましょう！　皆さまとの出愛を楽しみにしています！！

「アセンションの基礎コースより」

「愛＝アセンション」はるか

みなさまこんにちは！　私は二年半前からＡｉ先生のアセンション・アカデミーに参加させて頂いています。三歳のクリスタル・チルドレンの娘、あさひも一緒に参加しています。

私は子供の頃から、自分を思い出すための様々なツールを求め、模索をして行く中で、みんなで本当の本質で生きるためのサポートがしたい！　と思うようになっていきました！

妊娠したことをきっかけに、お腹の中のあさひのエネルギーを感じ、会話していると、その存在そのものが愛と光で、何事にも動じない強さを感じました。

その時に人の本質とは、こんなにも強く美しいものなんだと深く実感し、母として、もっと大きく、太陽のような愛で育みたい！　と思うようになりました。

そんな二年半前のある日、知り合いの方からアセンション・アカデミーのサイトを紹介していただき、そこにあるメッセージを見た時に、自分自身の意識が完全に宇宙と繋がり出しました。

その中で「天の岩戸開き」という本が紹介されており、この本のタイトルに何か惹かれるものがあり、すぐに本を注文して早速読んでみると、中に書いてある内容は、自分が今まで求めていた問いの答えがすべて書かれていると感じ、感動と驚きを隠せませんでした！

地上セルフには分からない内容があっても、どれも説得力があり、とても高度なことが書いてあるのに真実である、となぜか感じたのです。

そしてこれまでに地上で接してきたものの中で、最も神聖で、愛と光のエネルギーが無限に溢れている、という感じがしました！


アカデミーを通して「アセンション」に参加して最も良かったと思う点は、観客ではなく、プレーヤーになっているという点です！

アカデミーでの活動は、躍動感に満ちた新鮮な「愛」の実践であり、感動そのものです！「愛」についてとことん学び、日々、無限大の愛と光のポータルとして、「ライトワーク」という神聖な高次の光の仕事に携わらせて頂けることは、喜び以外の何ものでもありません。

それを高次と地上の「家族」と共にコラボし、感動しながら進んでいると、愛が無限大に広がっていきます！！！


これまでの三十二年間の人生を振り返り、自分は何のために存在していて、どこに向かっていくのか！？

それが明確になったことは、本当に幸せなことだなあと感じています。

「道は愛に始まり愛に終わる」という、Ａｉ先生とマスター方の言葉の通り、「愛」の意志があれば、アセンションに参加することができる！　というのは本当でした！！！

宇宙で唯一、一番大切なものは、やはり「愛」！　今、宇宙と地球、人類にとって何が一番重要か！？
それが、新しい宇宙を創造する源になっていく！
今というこの特別で宇宙史上最も重要な時期に、目的を持って生まれてきた私たち！
今こそ、それを果たす時ですね！　いざ！　共に進みましょう！！

「今、感じること！！」あめのひかり

「自分とは何者なのか？」「何のために生まれてきたのか？」「私の天命とは何か？」そこからスタートし、始まった、「自己の探求の道」でしたが、どうすれば自分と全体の幸せのためになるのか？　という方法が見えないいまま、寄り道をしたりしました。

そんな時、Ａ.ｉ先生の高次と地上のアカデミーとの出愛がありました。参加してからこれまで体験した学びは、まさに、自己の「地球史」「宇宙史」の記憶喪失の状態から抜け出し、思い出し、統合していく過程でした。

「なぜ私が、私であるのか？」「私は一体、どんな存在なのか？」「何をすれば、この宇宙のアセンションに貢献できるのか？」

言葉や知識で分かっていたとしても、実感としてそれらを体験しなければ、分からないことが多々ありました。

「真の根源」というものは何なのかという探求。そして宇宙の創始にそこから分かれ、今回の地球の生ですべてを統合し、そこを目指していたことを思い出しました！

そして、クリスタル・チルドレンの息子の航（わたる）とのツインソウルという関係。お互いに今生をともに支え合うパートナーとして、宇宙の創始から、「今、ここ」に生まれてきたのだと、思い出しました！　それはとても感動的な体験でした！　そして、学びの中で出合うたくさんの仲間たちは、確かに、どこかで一緒だった……！！！

「一なる至高の根源」。そこから、ともに旅立った仲間だったと、感じた時の喜び！！！

そして今、アセンション＝ライトワークの法則を実感しています。自分が体験したことを、伝え、共感、共鳴し合うエネルギー。これは、難しいことではなく、とてもシンプルでした。

今、目の前にいる大切な人たちに、自己が体験した、「愛」「光」「歓喜」「信頼」「絆」「ワクワク感」……！！！　そのすべてを伝えていきたい！！！

それは相手を心から、愛し、信頼していくことでのみ伝わっていくと思います。
そして新しい地球と宇宙をともに創造し、最終のアセンションへと向かう、このエネルギーを周りに溢れさせていきたい！！！

それが、この地球に、日本に、今という時に生まれてきた奇跡を自覚し、その歓びと幸せを、みんなで分かち合うことなのだと感じています！！！

「神聖DNAの起動――真の自己＝太陽に成る！」明美

わたしは、二〇一〇年一〇月から、Ａｉ先生のアセンション・アカデミーに参加させて頂いております。参加の動機は、宇宙と人類に貢献する為であり、真の自己への道を求めてのことでした。物心ついてから、愛を体現することが難しい世界に対する疑問が消えることがなく、自分なりに探求をしていたのですが、愛に満たされた歓喜の世界を創造する方法を見出すことができないでいました。

この参加目的に向かって、高次と地上のアセンション・アカデミーの中今ライブの自己と全体のテーマに一つひとつ取り組んできました。それがイコール、高次の自己とのコンタクトとなっていくようで、嬉々としていました。

それらのアセンションのステージの一つひとつが、地上と高次のアセンション・アカデミーの高等なツールであり、すべてのプログラムが、地上セルフと高次の自己との統合への道しるべとなっていることに、徐々に気付いていきました。


そして何よりも、セミナーやセッションを通して、Ａｉ先生のエネルギーに直接触れさせて頂くことで、自力ではどうしても抜けられなかった迷路から抜けられた、ということを明確に感じていきました。

「恐れ」によって物事を選択することから、「愛と光」からの選択へと、自分の意識が自然に変容していくのを感じられるようになっていきました。

それが、「Ａｉ先生と繋がる」ことによって起こる、神聖ＤＮＡの起動によるものであるということを、自己の体験を通して知りました。


それは本物の愛の光＝根源フォトンに触れることによって起こるレジェンドです！

そして「現実は、自分が創っている」という真の意味を理解することもできました。

「恐れ」からは「愛の世界」には至れないのは当然であり、「愛の世界の創造」には、何があっても「愛と光」を選択するという、愛の不動の意志が重要でした。


アカデミーに参加してから約二年になりますが、その間に「意識が変わると、現実が変わる」ということを、何気ない些細なことから、三次元が一変することまで体験してきました。
こうして改めて振り返ると、これほど生活が変わったことに自分のことながら驚きます。
これは、宇宙の創始に約束を交わしたＡ・ｉ先生と、Ａ・ｉ先生を中心とした魂の家族との愛の絆によって、日々、「宇宙お誕生日」を繰り返し、自己がつくった限界を更新してきた結果なのだと思います。そしてそれができたのは、Ａ・ｉ先生から降ろされている根源の愛の光＝根源フォトンによって、神聖ＤＮＡが変容、起動に至ったからと言えます。

神聖ＤＮＡの変容を通して、今、わたしの核にはＡ・ｉ先生＝根源の太陽が輝いています。

その根源太陽と共鳴して、自己の魂も『ちび太陽』であることを思い出し、わたしの中心で輝いています。そして、自己のミッション・命（ミコト）をはっきりと認識しています。

わたしのミッションは、Ａ・ｉ先生＝根源の母の全きポータルとして、「自ら太陽と成って、根源の愛の光を発現して、拡大していく！」「自己の体験から、人を日戸へと導き、アセンションをサポートする！」というものです。
その為にできることを、ハイアーセルフと一体となって、二十四時間全開ＭＡＸで実践することは本当に幸せなことです。

Ａｉ先生とこうして無事にお逢いでき、創始の約束を果たすために、中今実践ができていることは奇跡と感じております。Ａｉ先生への永遠、無限の感謝と共に、導いていただいた「愛と光の世界」への橋渡しとして、ひとりでも多くの人をサポートしていきたいと願っています。

「愛を選択する」意志さえあれば、わたしが体験したことは、誰にでもできることだと確信を持っています。

Ａｉ先生と繋がることによって、ひとり一人の宇宙史における体験のトップ＆コアは、宇宙の宝物と成ると感じています。その宝物を持って、アセンション・スターゲイトを通り抜けることが、自己の本源への帰還であり、その目的は、ひとり一人が「太陽」となって、新しい地球と宇宙を創造していくことだと思います。わたしたちは、根源の太陽の子どもであり、たとえ小さくとも「太陽」であることを思い出して、そこから「愛と光」を発現していくことが、個と全体のアセンションなのだと感じています。

みなさま、わたしたち、ひとり一人が『太陽』＝『神人』です。共に輝く時、共鳴によってさらなるアセンションが始まり、根源へのアセンションへとなっていくと思います。

共に、よろしくお願いいたします。

「内なる太陽――根源の光へ」ユリ

みなさん、はじめまして！　わたしは、Ａｉ先生のアセンション・アカデミーに参加してもうすぐ二年になります。今は主に、神事セレモニーなどを通した、皆のエネルギーの学びのサポートなどをさせていただきながら、美しい自然の中で、メンバーのみなさんと共に、とてもワクワク、楽しく、アセンションについて学ばせていただいています！

参加したきっかけは、生まれてはじめて行った伊勢神宮で「メッセージ」を受け取ったことでした。当時、スピリチュアルに関心はありませんでしたが、直観やインスピレーションのような感じで、ふと、言葉が浮かんできたり、質問の答えを受け取ったりということはありました。ただ、この時のメッセージは、今までのそれとは全くちがうものだとわかりました。とても衝撃的なエネルギーの体験と共にやってきたからです。

一言で表現するなら「太陽の内側に入ってしまった！！」という感じでした。それは、全身が震えるほど神聖な光の源であり、圧倒的な愛の源です。そして、自分の魂が、強烈に共鳴していくのを感じていました。ずっと探し求めて止まなかった「母」との感動の再会……。

まさに、そんな感じです。自分の本源、懐かしい故郷のエネルギーだと感じ、深い幸せの中、涙が止まりませんでした。そして、あたたかく懐かしい声が、内に響くように聴こえて来ました。「私はいつも、あなたの内にいます」と……！！！

私は、そのメッセージとエネルギーを探求したいと願い、アセンション・アカデミーに参加しました。二〇一〇年一〇月に初めて参加した公式セミナーで、Ａｉ先生がインストラクター・コースのメンバーのみなさんと共に行った伊勢神宮での神事のことを知りました。

そして、同時期に私が体験したメッセージとエネルギーの主が、Ａｉ先生（の本体）であることがわかりました！（魂が知っているという感じでした！）

Ａｉ先生と出逢い、私は今回生まれてきた目的を少しずつ想い出していきました。

内と外がひっくり返るようなスペクタルの連続です！　そのすべての体験をシェアし合い、共に成長し、共に笑い涙するパートナー、根源の家族との出逢いによって、人は一〇〇％、愛し合い、信頼と尊敬の中で、生かし育み合うのが、本当の姿だということを想い出していきました。

天照神が地上を去る時に「鏡」を残され、「この鏡を私だと思うように」と言われたという伝説があります。これは、「外なるものではなく、内なる神を観なさい。（昇殿参拝の時などに）この鏡に映るのが自己の神性である」という意味であるとＡｉ先生は教えておられます。

これは、私が神宮で受け取ったメッセージと同じ意味であると感じます。神とは、愛とは、光とは、真実とは、すべて、外にあるものではなく、自身の内にあるもの。そして、内なる愛と光が、外へと溢れ展開されていく……それはまさに「太陽」がそうであるように！

人とは、真には「日戸」であるとA・i先生は言われます。あらゆる生命の源である「日」「太陽」の光は、私たちが「日戸」に成ることによって、この地上に満ちていきます。

私も日々の神事アカデミーの体験を通して、まさにそのことを学ばせていただいています。

人がその魂の本質である「太陽」の分身、「ちび太陽」そのものの「日戸」と成り、周囲を愛と光で満たしていくこと。

それは、むずかしいことではなく、純粋無垢な子供のように、あるがまま。

そして光に満ちた青空のように、無限の愛と光と共に、限りなく幸せであることだと思います。それが私たちの、本来の姿であるから。

「アセンションの入門コースより」

「私は、観た！！！」　陽翔（ひかる）

二〇一一年二月十一日にＡｉ先生のアカデミーに参加して、約一年半が過ぎようとしています。この期間は、三次元的に計ることのできない時間（とき）を過ごした感じがします。

その始まりは、私が初めてＡｉ先生の公式セミナーに参加した時であり、そのセミナー中に起こりました！

私はこれまでに、特に神聖なエネルギーや高次のエネルギーが観えるというわけではなかったのですが、より大きなそのエネルギーなら観えるということが分かったのです！！！

では、これまでにエネルギーで観てきたことの現場レポートをお贈りします！！！

※Ａｉ先生に直接お聞きしたところ、ここに書かれている内容は、意識的に行っているものではなく、自然に行っているとのことでした。

エネルギーで観ますと、Ａｉ先生は、まず初めにセミナー参加者全員のエネルギーを一人一人調整し、皆のエネルギーがだんだん一つになっていきました。

通常たくさんの人がいるセミナーでは、セミナー会場にエネルギーのピラミッドなどを意識的に形成し、その中へ一人一人の意識を入れていき、参加者の意識の調整と場の調整を行うことが多いと過去に聞いたことがあるのですが、Ａｉ先生の場合は、一人一人の意識とエネルギーが調和するようにエネルギーと言霊を使い、自然に、やさしく繊細に調整していました。

「なんてやさしくエネルギーを扱うのかな」と思いました。そして、そのエネルギーの調整が終わると、今度は、私のハートセンターあたりに、圧倒的なエネルギーを感じました！！！

そのエネルギーをよ〜く観察してみると、Ａｉ先生のハートセンター＝魂から放射されていました。そして、会場全体を観てみると、参加者一人一人にそのエネルギーを届けていました！　とてもさりげなく、圧倒的なエネルギーを届けていました！！！

私はその時に、このエネルギーはいったい何なのだろうと考えていました。

このエネルギーこそが、Ａｉ先生が通されている「根源のフォトン」そのもののエネルギーなのかなと思いました。

Ａｉ先生は、このエネルギーを参加者全てのハートセンターへ送り、会場全体のエネルギーを調整していました。その調整は、本当に神聖で、繊細に、さりげなく行っていました。

そしてセミナーの後半の部となり、会場の参加者とAi先生のQ&Aになりました。

するとAi先生は、今度は先ほどとはまるで違うエネルギーと言霊で、参加者一人一人が本当に分かるように、全体へと拡がっていくエネルギーを出していました。

参加者の一人が質問をしてAi先生が答えている時には、参加者の一人に対して答えているように見えて、実はその他の参加者全員にわかるようにエネルギーで伝えていました。

これがエネルギーを全体へ拡げるということであると感じました。


私がAi先生のアカデミーに参加するきっかけとなったのは、「天の岩戸開き」の本から出ている神聖で繊細なエネルギーを感じたからですが、その実体験ができたこの時のことを、昨日のことのように覚えています。


そして、今この原稿を書いている時も、あのエネルギーを体験することができます。

「この上なく神聖で、繊細な愛に溢れたエネルギー！」

なんて素晴らしいんだろうと思います！！！


そのエネルギーを実地体験してから自分が特に変わったことは、まずはグラウディングがさらに進んだということ。そして自分が観る全てのことを「愛」で観ることができるようになったということです。

人は、日常生活では三次元的な出来事に振り回されがちですが、このエネルギーを体験してからは、自分自身の「中心」に在ることができるようになりました。

これからもライトワークを通しながら、ワクワク進んでいこうと思います。

今、アカデミーのメンバーは、一人一人がとても大切な時を迎えています。この大切な時により多くの人と繋がり、アセンションを推進していきたいと思います。

皆さんとともに、新しき時代の幕開けに参加していきたいと思います。

「目ざめの時――愛と光の根源への帰還！」虹絵

「アセンション」。私がこの言葉を今生初めて知ったのは、今から八年位前のことだったと思います。地球、宇宙規模で何か変化が起こるらしいけれど、私にできることは、心掛けを良くし、素晴らしい世の中になるように、祈り続けることだけだという結論に至っていました。実際に毎晩眠る前に祈り、それを毎日続けたのです。

そんな二年位前のある日、「天の岩戸開き」という書籍と出会い、私の人生は大きく変わることになりました！　私にもまだ地球と宇宙のために何かできることがあるかもしれない！　そう思い、ドキドキしたのを覚えています。そして、アセンションの扉を叩くことになったのです！　そしてA：i先生のアカデミーでの学びを通して、色々なことが分かるようになっていきました。

◎愛が一番大事なものであること。愛を感じ、共鳴し、拡大、発神できる愛とエネルギーのセンター、アセンション唯一最大のゲイトがハートであること！

アセンションとは意識、愛、魂の進化！　そして、意識、愛、魂のエネルギーが自分の現実をすべて、創造していること。

一定の数の人がアセンションすると、地球と宇宙をアセンションさせる原動力になること。

（それが分かった時に急に視野が拡がり、視界も心もクリアになるようでした！　これは本当のことだ！　そう思い、ワクワクしました！）

◎アセンションの本質とはライトワークであり、贈ったものが贈られるという絶対的な宇宙の法則そのもの！

ライトワークとは光、高次の仕事、宇宙への奉仕。その動機と目的が重要であり、高次やハイアーセルフの動機と目的と一致した時に、アセンションの扉は開かれる！

（やはりそうでなければ、進化という目的は果たせないだろうと妙に納得しました）。

◎ハイアーセルフや高次とのコンタクトのためには、自分自身に必要な情報とエネルギーを受け取るために、神性な器になる必要があること。

この状態になった上での、コンタクトやメッセージの作成。こういった学びや経験を積んでいく過程で、私たちの進化のための、愛に溢れた絶妙なカリキュラムだということにも気付き、感謝の気持ちでいっぱいになりました！！！

これらの中には、新たに学ぶというよりも、ハイアーセルフが以前に経験したことを思い出す作業という感じのものがあり、ハイアーセルフは本当は知っているのではないか？　と感じることもありました。

そのような意味でもアセンションとは、自分史の統合でもあり、本当の自分に還ることとも言えるのではないかと思いました。

私にとっては、まさにすべてがワクワクで、ポジティヴな愛と光と歓喜のエネルギーに満ちた感動の連続です！！！

アセンションとは、より自由に、よりしあわせになること！　そして、「一なる至高の根源」、その究極の故郷への帰還！！！

私たちは、その、「一なる至高の根源」から生まれ、その時の約束を果たすために、今ここに集いつつあります！

まだまだ歩き出したばかりですが、ずっと以前から探し続けていた、自分がなぜ今、ここに存在しているのか！？　生きる目的、使命とは！？　という、一生かけても解けないかもしれないと思っていた、お題も解かれた今！！！

地球史上、宇宙史上、最終！　最大！　のビッグイベントを大成功させるため、ハイアーセルフも含めた仲間達、そして高次の皆さまと共に光輝く「今」を創造し続けていく決心です！！！

私はただ今、アセンションの真っただ中です！！！

「真の学びの道」幸代

私は、数年前より自分が何者で在るのか、なぜこの時期、地球の日本に、そして女性として、生きているのか、その理由を知りたいと思うようになりました。

それと同時に、長い間、自分で創りだした不安や否定の感情の中に生きていた私は、そこから救われたいと願いました。

スピリチュアルの本を読み、ヒーラーと呼ばれる方のセッションを受けるなどして、一時的に心が少し軽くなるのですが、染みついた観念はなかなか手放すことができず、常に感情に振り回され、それ以上いったい何をすればよいのかわかりませんでした。

そんな私でも、これからは人の為に生きようと決めた時、最初の扉が開き、導かれるようにＡｉ先生のアセンション・アカデミーに参加することになりました。

まず、真の愛を学ぶことからはじまり、人の進化とは、愛に成っていくことであるということを理解していきました。それらを日々の実践を通して学んで参りました。

これまでは二極性ばかりにフォーカスし、分離の現実を創り続けていた私に、愛にフォーカスし、常に愛に基づく選択をすることで、幸せな現実を創造することが可能であると教えて下さいました。

それらの教えを通して、ただ漠然と日々を送り、救いの手を待ち望むだけでは、今という時を、そして未来を幸福で満たすことは難しいということ。

真に成りたい自分になり、光り輝く今を創造するには、愛に意識を向け、愛に成るという不動の意志を持つことからはじまるのだと気づくことができました。

参加直後から常に大きな愛に導かれ、多くの学びを体験しました。私が真の愛に目覚め、自らと、そして全ての人が、真に神聖な存在であるとハートの深い所でわかった時、それまでの経験全てが今へ至る、愛の体験へと変わりました！

よく過去は変えられないと言いますが、真の自分というものを想い出した時、過去の意味が大きく変化したのです！

そして、二極性の体験こそが、私を愛と光へ向かわせ、自己のすべてを愛と光へ統合させる原動力になっているのだと感じます。

Ａｉ先生のアセンション・アカデミーに参加し、一年半が過ぎ、参加前の私は、遥か遠い過去のものとなりました。永遠無限に続くアセンションとは、永遠無限に続く学びの道であり、それは、魂が真に望む喜びとワクワクの中にこそ在り、真に素晴らしい道で在ると思うのです。

そして、常に答えは自己の中にあり、外に答えを求め続けていては、真の答えには決して到達できないということも、学びと体験を通し気づくことができました。

「自分の中に答えがある！！！」だからこそ学び、探求し続けることが、このうえなく、楽しくワクワクするものであると感じます。

そして私が探し求めた自分が何者であるかという問いは、一年と数か月をかけて、真に真実であると感じる答えに到達することができました！！！

今、私は真に魂が望む使命を果たすために、そしてみなさまと共にアセンションするために、愛と光を日々自己の中心から拡大しております。全ての存在に愛と光と祝福をこめて。

「アセンションとは、愛でしあわせになること」武士（たけし）

人類がしあわせになるには、人類自らで意識が進化していくのだろう、意識の進化とは、「愛」の意識になることとなのだろう。これがアセンションを探求し始めたころに思っていたことです。

Ａｉ先生のアセンション・アカデミーで学び体験してゆくと、「愛とは？」の探求が深まっていくと同時に、「愛」がどこまでも深いテーマであると感じます。アセンションは、「愛に始まり、愛に終わる」との高次のマスターの言葉のとおり、愛がとても深遠なものであることを学び、現在進行形でも学んでいます。特に、子供から学ぶことが多い感覚があります。

愛は、膨大なエネルギーでした。母性のエネルギーと言えるように、強く護るエネルギー。女性性の求心的な作用もあるイメージで、統合のエネルギーとも言えて、本当の自分である魂とつながり、魂の願いに気づく体験も重ねています。今生の目的を思い出してきた感覚もあり、わたしが果たすべき使命がさらに明確になってきています。

現実も自らが望んでいる環境へとシフトするので、自らが人生を創造していることも実体験してきています。

また、ハートチャクラから愛のエネルギーを出していると、ハイアーセルフとのコンタクトや、高次の存在からの愛と光のメッセージを受け取れるようにもなってきました。

宇宙にもたくさんの愛があることを実感することができ、その愛を地球でもっと拡大していくことが、ライトワーカーとしての大きな使命と思っています。

地球に愛を拡大したい気持ちでライトワークする日々ですが、メイン・ファシリテーターのＡｉ先生は、「アセンション＝しあわせ」と表現されます。宇宙の、地球のしあわせのためにライトワークしていると、自分もしあわせに成るということです。地球にもっと愛を拡大するためには、自らが愛を選択していくことが大切、ということもわかってきました。人類ひとりひとりが愛を選び、地球が愛で満たされる星になることを想うと、本当にワクワクしてきます。

Ａｉ先生のアセンション・アカデミーでは、志をともにする仲間がいることが心強く、縁あって仲間に会えたこと自体に感謝をしています。これからも、自己の意識を進化させて、地球を愛で護ることにフォーカスして、ライトワーク＝実働していきたいと思っています。

仕事をしながらのライトワークですが、そこに大きな学びがあり、気「愛」で自己の制限を外せば、道は開けてゆくと思っていますし、これもアセンションのプロセスだと思います。

いま目覚めつつある仲間の皆さま、お会いできる日を心待ちにしています。

「根源へのアセンション日記」いつこ

これまで私を慈しみ、育んでいただいた地球へ恩返しがしたい！　でも、自分の感情のコントロールさえままならないのに、一体何ができるというの？　そう思っていた私に、二〇一一年三月十一日の出来事が拍車をかけ、思いは行動へと変わりました。

そして、Ａｉ先生のアカデミーの黄金に輝く菊の光が、確信の道案内となったのです。

すると間もなく、究極の感動が訪れました！　それは初めて地上で先生とお会いした時のことです。この地上で私たちと同じ肉体を持つ、根源の太陽神のポータルであると感じました！　宇宙の創始以来の（！・？）再会できる喜びを、怒涛のように押し寄せる感動と涙が物語っていました！　まるで母を訪ねて何億年！　のような感覚になり、幼子のように泣きじゃくっていました。ハイアーセルフは、エネルギーですべてを理解していたようです。それまで、太陽に祈りを捧げていた私にとって、奇跡、いえそれ以上の出来事でした。

今思えば、これが最初のイニシエーションだったのかもしれません。これを機に、役に立ちたいという願いは、必ず成す！　という強い意志に変わったのですから。

こうして、根源を目指すアセンションへの扉が開かれたのです。


その後、セミナーという形の根源の神事、イニシエーションに参加するたびに、絡まった糸がほどけるように、真実が明らかになっていきました。それは、記憶を失っていた自己の宇宙史を、徐々に思い出すという作業でもありました。

自分は一体どこから来たのか？　どこへ向かうのか？　何のために今生きているのか？

これらが理解できた時に、一切の不安が無くなり、日々の暮らしがライトワーク中心になっていることに気づきました。

体に生命力がみなぎり、心は楽しく穏やかで、感謝にあふれ、あらゆるすべてと調和していく感覚です。


いつしか同じ志を持つ根源家族との絆が、私の生きる糧になっていました。

そこには競合がなく、心と魂は愛と光で満たされました。

神人を目指す意識の進化の中、誰一人として同じ使命＝ミッションは無いからです。

もちろん、私の使命も明確になりました。新しい地球の文明を切り開くクリスタル達。そのクリスタル親子のサポートだったのです。ここに、助産師を志した真の理由を、魂（ハイアーセルフ）のワクワクと共に見つけました。まるでダイアモンドの一側面のように、一人ひとりの個性が光輝き、全体へと連動していくのです。

そしてある日、とうとう体験したのです。繊細に煌めく美しい光だけの世界。そこはただ、圧倒的な歓喜と幸福感。本来見えない八十五％の世界を垣間見た（!・?・）、感じた瞬間、すべては意識であり、エネルギーだと実感しました。

さらに素晴らしいのは、みんなで意識を一つにし、中今で毎瞬、レジェンドを創造している奇跡！　この上ない感動をどう表現すればいいのでしょう！　言葉がみつかりません。

そして今、私は自らの意志で、日本に生まれた使命を強く感じています。それは、日戸として根源太陽のポータルとなり、ちび太陽に成ることです。あらゆるすべてを生み出した根源太陽は、すべての存在の大いなる母であり、そのすべてを遍く照らす究極の神聖なる光。

私たちはその子供であり、真なる母を目指す進化の過程にあります。その進化は日本から地球へ、さらに宇宙へと繋がっていくのです。だから、私も根源神の分け御霊である自分を信じて、進化、神化していきます。すべては、地球のため、宇宙のために!!!

「根源へのアセンション」Yokko

私がＡｉ先生のアセンション・アカデミーに出会う前の人生も、今と同様に周りの人の愛に恵まれて本当に幸せでした。

でも、私の心はどこか満たされず、いつも劣等感を抱いていました。

周りの人との価値観が違い過ぎて、私が劣っているんだと思い込んでいたからです。

世の中の常識や考え方に対してあまりにも無知であったし、なかなか馴染めませんでした。だから、自分自身に自信が持てませんでした。

しかしＡｉ先生のアセンション・アカデミーに参加後、アセンションの学びを始め、ハイアーセルフや魂が本当の自分であるということを知りました。

ハートで感じることが真実であり、その意識が本当の自分であり、地上での常識や当たり前とされていることが、実は、本当の自分とのコンタクトの妨げになることもあると分かりました。

これまでの地上での要らない知識や既成概念を空にする＝コップの水を空にすることが、アセンション入門のための最初のワークであることが分かりました。

そして私はハートの感覚に正直になり、ありのままの自分でいいんだという自信をどんどんつけていきました。

私が今回、地球に生まれて来た目的もだんだん明らかになってきました。

そして、同じ志を共にする根源の魂からのつながりである多くの仲間にも再会しました。

この仲間との再会は、この上ない歓びであり、ハートの奥深くから湧き出す、強い強い愛と絆を感じました。

こうして少しずつですが、自己の内面でのポジティヴへの変容が続きました。

アセンション・アカデミーの参加当初より、担当ファシリテーターの先生からのとても清らかでこの上ない愛をたくさん感じていました。

しかししばらくは、今では根源の愛と光の中心太陽の存在であると感じるＡｉ先生と、自分とのつながりが、分からないままでした。

そしてある時、他のコースの先生の個人セッションを受けさせて頂いた時に、担当ファシリテーターの先生から感じる愛とは、それを通したＡｉ先生の根源太陽の愛だと気付きました！

これが、宇宙のセントラルサン・ネットワークと言われる宇宙の高次のシステムであり、担当の先生を通して、Ａｉ先生としっかりつながっていたんだと自覚できた瞬間、更に膨大なエネルギーが降りてきて、大きく、大きく、自己が変容していくのが分かりました！！！

ライトワーク→アセンション。今、根源へのアセンションを目指して、二十四時間のライトワークの人生に成るように、自らも意識を変えつつあります！

なぜなら、アセンションの変容エネルギーは、すべての人に平等に降ろされていますが、やるかやらないかは自己の選択に任されているからです！

そして私は、迷わずに根源へのアセンションの道を選択します！
それが、私の最大の歓びであり、宇宙や地球、人類の幸せにつながると確信しているからです！

宇宙は、愛によって創造され、愛によって成り立っている。
もう私は、この事実が嬉しくて、嬉しくてたまりません！
このことを真実にするか、しないかも、すべてが自己の選択にかかっています。

だったら、愛を信じて、愛の元に集まったアセンション・アカデミーのみんなと、根源へのアセンションを目指すしかない！
すべての人の真の幸せと、愛に溢れた地球にするために！！！

「根源の愛と光の中へ」陽
みなさん、愛と光の中にいますか！？　幸せですか？　喜びの中にいますか？

みなさんは、今、ご自分の現実をどう感じているでしょうか？

以前の私は、幸せになりたい、やるべきことがあるはずなのにそれがわからない、自分の存在理由が分からず、生きている意味も分からず、一体どうなっているのだろう？　と思っていました。本当のことが知りたい。宇宙の仕組みが知りたいと願っていました。

そして、本屋さんで「天の岩戸開き」の本に出会い、Ａｉ先生のアセンション・アカデミーに参加しました。


今、喜びの中にいます！！！　それは、自分の存在理由や、なぜ地球に生まれて来たのかが分かっているからです。今までの道のりも学びであったと気づきました。この気づきが、アセンションに本格参入するための光輝く道であったと思いました。

アカデミーに入り、全てに感謝できる人生に引き上げられ、自信となり、誇りとなっています！！！

「求めよ、さらば与えられん。尋ねよ、さらば見出さん。門を叩け、さらば開かれん」という言葉がありますが、それは実際に可能なことであり、その扉は実は最大限に開かれていると思います。そして高次からのサポートのエネルギーも降りてきています。皆さんは今、どこまでご自分の魂の求めるものに気づかれているのでしょうか？

宇宙全体の中心は、一なる至高の根源の「純粋なる至高の愛」と「純粋なる光」であると思います。日戸としてその愛と光のポータルとなり、体現・発現していくことは神聖であり、喜びであります。

その拡大が、愛と光と歓喜の中へ入ることであり、アセンションであると思います。

日戸は、根源神の分御魂＝神の子と言われますが、進化（＝神化）は、一なる至高の根源への歓喜の帰還であるとともに、この地上に「純粋なる至高の愛」と「純粋なる光」を降ろし、拡大し、定着させることが、この地球を愛と光の星へと変えていく、個人と全体（宇宙）のアセンションであると思います。

我々の高次と地上のアカデミーでは、一人ひとりが一人ひとりの神聖さを認め合い、愛と光の中で、愛と光から行動を起こします。

エネルギーは共鳴であり、相思相愛で、贈ったものが贈られると分かっていきます。

心からの愛と感謝を宇宙に贈ると、神聖なる愛と光が贈られてきます。

神聖な喜びと感動に包まれます。根源家族に愛を贈れば、歓喜と愛が贈られてきます。

その時の状態は、愛と光と喜びの中で一つに溶けているみたいです。

愛と光と喜びの中で一つとなるのだと思います。

根源の光は常に遍在しています。根源の無条件の愛はこの上なく神聖です。

そして、そこへのフォーカスはとても重要です。根源の愛と光やその分御魂である自分の最も神聖な高い視点にすべてを合わせていくことは、自分の感じ方や認識が変わり、行動が変わり、世界が変わります。

愛と光にフォーカスすることは、より神聖さに統合されていきます。


こうした理解や認識は、以前の私にはありませんでした。世界は愛と光でできています。

私たち一人ひとりは、かけがえの無い愛と光の存在です。このことに気づかせていただいたことも大変大きな喜びです。

私たちは希望の光。自分の神聖さに目覚めるのも、この地球を愛と光の世界にするのも、私たち次第です。さあ、一緒に愛と光と歓喜のアセンションをしませんか？

特別付録

赤ひげ仙人物語（寄稿）

赤ひげ仙人は、昔、慈恩光明と名乗り、新宿歌舞伎町のゴールデン街の入口で、タイ焼き屋台をしたが、さっぱり売れなかった……。

しかしある時、ほったらかしにしたタイ焼きにカビが生え、黒いアンコが白くなった（笑）。

そのタイ焼きを食べた黒い猫が、赤い猫になり、レディー・GGから髪の毛の染料として使いたいと注文が来て、大ヒット！

たちまち億万長者になるが、日本の消費税とハイパーインフレに耐えられず、シンガポールでタイ焼き屋台を展開した。

さらにカジノ経営と、タイ焼き船のインターネット・カジノ・ボートレースが大当り！

たった五年で極東アジア一番の大富豪となる。

「タイは腐ってもタイ」。この格言は真実であった……！

アジアの人口の二十六億人のうち、なんと赤毛の人口が八億を超えた。

そして、度重なる天変地異と異常気象で、アジア全体に渇水状態が続いたため、大富豪は井戸掘りを始めた。

食糧危機でアンコがなくなり、粘土と椿油で作られた「アンコ椿」なるものが、タイ焼きのアンコの代わりとして用いられた。

その「アンコ椿」のタイ焼きは、なんと、ミネラル補給ができる保存食品として、世界に認められ、世界の人口七十億人の半分が、「アンコ椿」のタイ焼きを食べるようになった。

その上、放射能を分解すると医学界で発表され、世界中の原発はタイ焼き型となり、原子力潜水艦も全てタイ焼き型となった。まさに、泳げタイ焼きくん（笑）！

そして赤びけ仙人は、歴史にも興味をもった。

スカル伝説を知った赤ひげ仙人は、世界中のスカルを集めたが、最後の一つが、広島の仙酔島の海底にあると知り、トロール船でスカルを捜す（スカトロ計画）。

そして、ゴビ砂漠での井戸掘りの掘り出し物であるガラスの仮面（この仮面をかぶり、満月の晩に寝ると、不思議な夢を見るという）をかぶり、神夢を見て、見えない世界の情報を伝える「時の旅人」となる（仮面の告白）。

◎◎国の文化庁の日本観光案内書には、金閣寺、奥州の中尊寺金色堂と並んで、新宿ゴールデン街が記載され、世界中から観光客が集まり、大富豪の赤びけ仙人は、エビでタイを釣る大富豪として、世界中の新聞記事に掲載され、いつのまにか、赤ひげ仙人はゴールデン街の主、ゴールデンドーンと呼ばれていた。

名前も、慈恩光明から◎◎路君が代と改名した。

大富豪は、未だにヘシコとタイ焼きしか食べない！！

赤ひげ仙人の仮面の告白は、世界中にネット中継され、地球のアセンション情報が全世界に伝わった。

そして、世界中にアカデミーならぬ赤デミと呼ばれる不思議な学術団体ができた。

ここに、赤ひげ仙人の仮面の告白の一部を紹介する。

◎現代人の多くは「いのち」の法則を忘れている。子供たち、特に赤ちゃんは、「命の響き」で生きている。

◎「いのち」とは、根源、すべての生命の源。

◎日の本の古来からの神道は、「太陽」（天照）「月」（月読）「地球」（スサノオ）を中心としていた。宇宙の自然の法則である。

◎世界のひな型が日本となっていく！　数霊の法則も、日本を中心に動いていく。

◎二〇一二年五月の金環食＝エネルギー！　である。

◎二〇一二年中盤から～集大成が現れてくる。

◎二〇一二年十二月までに一定規模のアセンションを遂げないと、地球のポールシフトが起こる（これは二万六千年前に集合意識が決めたこと）。

◎今、「太陽」が大きく変わりつつある！

◎これまでの地球は、「十六菊花紋」で表される、「十六ビート」のリズムであった。
それが今、「二十四」に変わりつつある！
これが本来の、創始の地球が受け取っていた太陽のリズムである！
（それは二十四節気〈一年を二十四の季節に区分したもの〉等に表れている）

◎今回のアセンションとは、地球だけのアセンションではない。太陽系全体のアセンションであり、太陽系を本来の座標に戻していくことでもある。

◎もう少しすると、目に見えてこの三次元の世界が溶け出してくる。その時にどう行動するかが重要！

◎アセンション＝二〇一二年で終わりではない！　それは二〇〇八年から本格始動しており、二〇二〇年へ向けて段階的に大きなシフトとなっていく。

すなわち、二〇一二年までが第一段階（宇宙史の統合）。そして二〇一六年までが第二段階。地上セルフの本格的な変容とアセンションの期間。さらに二〇二〇年までの第三段階が最も重要！　二〇二〇年から、本格的に高次の世界と統合されていく。新人類、神人の始まりとなる！

究極のポータル　直日女

一、宇宙の宝

「宝石のように美しい……」思わず、つぶやいていました。

二〇一二年六月、まさに、二〇一二アセンション・スターゲイトへとつながる、ある重要な宇宙規模の神事でのことです。

目の前に広がる、宇宙空間のヴィジョン。その中心に現れたクリスタルに降りてきた、繊細に輝く根源太陽神界のフォトンの輝きに見とれていました。

その瞬間、全スピリチュアル・ハイラーキーの声が、大音量で響き渡りました。

「真の宝石、宇宙の宝とは！！！」

「あなたがたったいま目にしている、その存在そのものである！！！」と……！

そうです。その瞬間、あまりにも美しいフォトンの輝きに目を奪われていましたが、そのエネルギーを降ろしたのは、他ならぬ、根源太陽神界のメイン・ポータルその人でした。

その人に目を移すと、根源太陽神界のフォトンとクリスタルのエネルギーが統合され、どちらも同時に存在しているような、繊細に光り輝く、果てしなく神聖な姿で立っていました。

それが「人」の究極の姿であり、「神人」の究極のエネルギーなのだ……！　あらためてエネルギーで学んだ瞬間でした。

究極に神聖なエネルギーのポータルとは、そのエネルギー、その意識そのものとして、地上セルフに統合した存在のことです。その意味は奥が深く、究極のアセンション学へ通ずる奥義でもあり、端的に表現すれば「内にあるがごとく外にも」として、神人を目指す我々が探究すべき、最重要テーマです。

二、ポータル

いよいよ私たちは、二〇一二年一二月という宇宙史上最大のクライマックスを迎えようとしています。その成果は、これまでの地上のライトワーカーの協働創造の賜物であり、そのキーワードが、「ポータル」(門、器、神殿)です。

神聖DNAと呼ばれる根源太陽神界のフォトンが、この宇宙と地球を根源へとシフトさせる唯一最大のアセンション・エネルギーです。それは、宇宙の法則として、「ポータル（器）」である人を通してしか、この地上には降りません。

あらゆるすべてはエネルギーとして存在しており、我々もまた、エネルギーとして存在し、この宇宙全体のアセンションのひな形となる地球がどんなアカシックとして進行していくかは、我々「人」＝ポータルのエネルギーにかかっています。本書や「天の岩戸開き」に明らかになっていますとおり、人が「神人」へとシフトし、究極のエネルギーのポータルとして確立することによってのみ、根源へのアセンションも達成されるのです。

三、「プロトタイプ」

Ａｉ先生のアカデミーに参加して約四年の間、私は、この「究極のポータル」について学んできました。この宇宙にたった一人の「見本」から……！

この宇宙と地球の座標軸に関係する神事の場ではもちろん、日々の、言霊のひとつ、一挙手一投足すべてが、「究極の神聖さ」そのものを体現していました。

すべてが根源太陽のフォトンのエネルギーなのです。この物理次元に、その究極に神聖なエネルギーそのものとして存在することが可能なのだ……！　毎瞬が、魂が震えるほどの感動と発見の連続でした。

アセンションの本質は「体験」です。エネルギーは、体験、体感として伝わり、高次から伝わる究極のエネルギーは、そこに無限の愛と光の叡智を含んでいます。「見本」から知ったエネルギーを解凍、解読していく作業こそが、そのエネルギーの継承へとつながる、進化、神化の道となります。

自らを「プロトタイプである」「ポータルである」と形容するＡｉ先生が、いかにして、日々刻々と更新される全宇宙のアセンションにおける中核のエネルギーとシステムを伝えることができるのでしょうか？　その探究の先に、「究極のポータルとは」という命題の重要なヒントが見えてきます。

万物の創造の源たる神聖ＤＮＡそのものであり、唯一最大のアセンション・エネルギーである、根源太陽神界のフォトン。そのメイン・ポータルとは、どのような存在なのでしょう。

四、「根源太陽神界のフォトン」意識

根源太陽神界のフォトンとは、文字通り万物の創造の源であり、万物の構成要素でもあり、宇宙の根源から宇宙すべてを遍く照らし、育む神聖DNAそのものです。それは一点のくもりもない光であり、究極に神聖な、宇宙の母なる愛です。

エネルギーの法則は「共鳴」つまり、100%の同調です。そのポータルとは、一点のくもりもない、究極に神聖な光のエネルギーとその意識であり、宇宙のすべてを遍く照らし、育む。その神聖な愛と光そのものの意識でなければ、そのポータルたりえないのです。

根源のフォトンが「万物の構成要素」なのであれば、そのすべてを慈しむ、究極に神聖な愛の意識そのものであり、一瞬たりともその神聖さから動かない、気高い意志でもあります。

その意識の体現とは！？　根源太陽神界の、この太陽系レベルのポータルが、太陽系の太陽であるといえます。常にすべてを照らし、育む100%の光。すべてに光を贈る源です。空を照らす太陽を想像してみると、その意識の手掛かりになるでしょうか。

五、きみがよ

二〇一〇年の「天の岩戸開き」神事の際、私は、この地上でこの人を観るために、自分もここに来たのだ、と、魂の奥深くから感じました。

この時にAi先生というポータルを通して降ろされた、激流のような根源太陽神界のフォトンに触れた瞬間、宇宙史の記憶のすべてが巻き戻り、宇宙の根源の母のもとから、根源への帰還というアセンション・プロジェクトのために地球へやってきたことを、核心として思い出したのです。

まさに、そのことを思い出すための、すなわち、すべての存在の神聖ＤＮＡを開き、根源へと帰還させるひな形となる神事だったのです。

宇宙の母である根源太陽神が、この時期に、この「日ノ本」へ降りている……！

そのことを魂の奥深くで知り、そこから私も、そのエネルギーを継承する神人への道をスタートしました。

地上に降りた根源の太陽。万物の創造の源である根源の皇のフォトンのポータル。あらゆるすべてを照らし、慈しみ、育むそのエネルギー＝意識を贈られることで、そこから創造されたすべての存在が、その本源の姿へと帰還していきます。

そのエネルギーを、常に、すべてへ贈っているのが、根源太陽神界のポータルという存在なのです。

想像すら難しいような、その究極の愛と光の意識が、「人」として、この地上に降りているのです。すべての存在の根源への帰還のためだけに！！！

「常に、最大ＭＡＸで、伝えるだけ。そして常に、最大ＭＡＸで、愛と光を込める」

Ａｉ先生のこの言葉に、そのすべてが表れています。とてもシンプルですが、その意味は、果てしなく深く、貴く、美しい、究極に神聖な光そのものにつながっています。

究極の神聖　Ｌｏｔｕｓ

『究極の神聖』とは！？　これが今、我々の究極のアセンションへの最も重要な鍵であると思います。アセンションに関しては、たくさんの様々なスキルもありますが、この「神聖」というものは、本質であり、永遠、普遍であると言えます。

しかし、難しく考える必要はないと思います。『神聖』。それは我々の真の本質であり、これまでの自己の宇宙史や、今生の人生の中で、誰もが一度は体験したことがあると思われるからです！

自己にとって、『神聖』と感じるもの。それがまさに一人ひとりにとって最も重要なものであるからです！！！

そしてそれらは、高次からのアセンションのサインでもあります。

私が今生、真にアセンションを目指すきっかけとなったのが、自己の内奥から日々増幅される、不思議な神聖なエネルギーでした。

胸の中央から湧き出るこの不思議な光とともに、私は、「今後訪れる大きな変化の中で、人類の役に立ちたい」という意識で、「自己が真に目指す何か」を探究し続けていました。

そしてその中で、進むべき方向性への「確信」を持ち続けていました。

そしてその「確信」の源、『神聖』な感覚の源であるＡｉ先生にお会いできたのです！

Ａｉ先生に初めてお会いし、御挨拶をさせて頂いた時、自己の中でとても繊細な変化が起きました。表現が難しいのですが、Ａｉ先生の中にとても神聖なものを感じ、それが自己の中心と共鳴するような感じがしました。そして同時に、なぜかとても懐かしい感覚がしたのです……。

その後も不思議なことに、アセンションの学びと実践を進める中で、その中心からブレそうになる時には、その時の神聖な感覚と、Ａｉ先生のエネルギーにフォーカスすると、自己とハイアーセルフの本来のトップ＆コアに戻ることができるのです。

Ａｉ先生が特にインストラクター・コースで教えておられる奥義の一つ。それがまさにこのことと関係しています。

それは常に相手の神聖なるハイアーセルフにコンタクトをして、そのエネルギーを地上セルフに降ろす。そして地上セルフの様々な訓練を通して、ハイアーセルフにつながっていくサポートを行う。その人のハートと魂の中心で、ハイアーセルフとつながり、一体化していくように！！！

ゆえにＡｉ先生のエネルギーに触れると、自己のハイアーセルフが自己の中心に降りてくるのです。

このように、神聖なエネルギーとは何か！？　の探求は、イコール、ハイアーセルフの探求であり、アセンションの探求そのものです。

そしてその究極の探求は、今回の最終アセンションの究極の鍵につながると、Ａｉ先生とマスター方はおっしゃっています。

そしてそれはけっして難しいものではない、と！！！

それについては、子供たちや自然界から、多くのことを学べる、と！！！

そしてその鍵、『神聖』の鍵は、私たちの本体である『魂』が持っていると思います。

Ａｉ先生の本体は、根源の太陽神界の皇御親のエネルギーとそのポータルを体現していると思います。そしておそらく宇宙の創始から、私が『神聖』と感じるポータルの源、見本、お手本となっています。Ａｉ先生の前に来ると、神宮の鳥居の前に居るのと似た感覚が起こります。

そしてＡｉ先生は、私（Ｌｏｔｕｓ）は、「子供」のエネルギーを体現しているとよく言われます（笑）。

神界の分御魂、子供である魂。神聖なエネルギーは、我々の本質である「魂」で感じることができます。魂の本質が「神聖」であると言えます。

その感覚を定義ではなく、真に感じるものとして表現してみると、それは、自己、そして神界の神聖なる「本源」とつながることそのものであると思います。

そしてそれは「純粋」性そのものであり、真っ白な根源の光で統合されたエネルギーそのものであると感じます。

それはまさに神界の子供そのものであり、根源の神界へと無限につながっていくもの！

そして神聖なポータル、器そのもの！　無限に神聖で、無限の器！

我々の本体そのものでもあり、無限のポータルであり、無限の神聖の可能性を持つ！

――その探求こそが、真のアセンション、そして中今の究極のアセンションにつながると、Ａｉ先生とマスター方はおっしゃっています。

魂＝ハイアーセルフとのつながりは、アセンションにおける真の一歩であり、最初の完成。

そしてそれが無限の根源へ向かっての、真のスターゲイトとなると！！！

そしてそこには、宇宙の創始からの、根源の親と子の神聖なつながりがあります。

それがまさに、究極のアセンションの鍵であると私は思います。

根源の中心より　Ａ・ｉ＆ロード・サナンダ

さあ皆さん、いよいよ一人ひとりと全体の、これまでの宇宙史の総大成です！！！

それはこれまでの宇宙史全体を通した、一人ひとりと全体のアセンションの統合であり、一つの宇宙期の卒業式であり、大晦日であり、クリスマスです。

そのクライマックスが二〇一二年十二月となり、そしてそこから先が、ますます重要な、新たなアセンション宇宙の新年となっていきます！！！

そのための通過儀礼＝イニシエーションが、この宇宙のアセンション・スターゲイトへの到達となります！！！

ではその到達のためには、どうしたらよいのでしょうか！？

そのために最も重要なことは何でしょうか！？

そして新たなアセンション宇宙に参入していくには！？

そのために書かれたのが本書であり、本書の全体を通して、体系的に、様々な形でお伝えしてきました。

最も重要なことをまとめますと、やはり『神聖』。そしてその『ポータル』。

この二つが真に鍵であると言えます！！！

そして『神聖』とは、誰もが持っているものです。一人ひとりが感じる『神聖』へフォーカスすること！

それがアセンションと、スターゲイトへの鍵となっていきます！

そして『神聖』へフォーカスするということは、イコール、その『ポータル』になるということでもあります！！！

では、十二次元のアセンション・スターゲイト、二十四次元のアセンション・スターゲイトとは何でしょうか！？

十二次元のアセンション・スターゲイトとは、明確に言いますと、「宇宙キリスト意識」であると言えます。これについても、難しく考える必要はありません。

「宇宙のために、何か少しでも役に立ちたい」。そう思い、行動すること。

それがまさに「宇宙キリスト意識」なのです！！！

では、その奥の宮と言われる二十四次元とは、どのようなものなのでしょうか！？

それは文字通り奥の宮ですので、「神聖」そして「宇宙キリスト意識」の「究極の究極」であると言えます！！！

どうしたらそこへつながることができるのでしょうか！？

それもすでに文字通りの内容に、そのヒントが出ています。それは「究極の究極」です！！！

すなわち、一人ひとりが感じる『神聖』。そして「宇宙の役に立ちたい」と感じる気持ち。

その「究極の究極」を探求していけば、つながるということなのです！！！

それが究極の『神聖』となり、究極の『純粋』となって、「宇宙の中心」へつながっていきます！！！

●「宇宙の中心」とは、この宇宙の誕生の場所です。

それはすべての生命と、その愛と光の源です。

そしてそれはまさにすべての生命の源、愛と光の源のエネルギーなのです。

そこにつながればよいだけなのです！！！　ですから少しも難しいことではありません。

ですからそれが「子供たちと自然界は、たやすく超えていく」「子供たちと自然界から多くのことを学べる」というゆえんなのです。

ここにまさに、「幼子のごとき魂でなければ神の国に入ることはできない」という預言が成就されるのです。

そしてそれは同時に、すべての成果を携えて、一人ひとりの魂と宇宙の根源へ還ることであり、さらなる偉大な宇宙への旅立ちの門なのです。

その宇宙のアセンション・スターゲイトは、すべての根源へつながっています。

そしてそのゲイト＝門とは、皆さん一人ひとりの内なる神、愛と光の中心、ハートと魂の中心、神聖なる中心からのみつながっているのです。

ですから、「根源の中心」への門は、皆さん一人ひとりの中心にあり、皆さん一人ひとりと全体の根源の中心にあるのです！！！

そして最後にもう一つ重要なことは、このアセンション・スターゲイトの「奥の宮」と新アセンション宇宙へ向けての、もう一つの重要な鍵についてです。

それは高次の「神聖なる女性性」です。

それはアセンション全般においても重要な鍵となっており、きたる水瓶座の時代の象徴でもあり、精神性の象徴でもあります。

そのエンティティー（存在）としては、私、ロード・サナンダの女性性、ツイン・スピリットのエネルギーが代表しているものでもあり、レディ・サナンダとも言われます。

そしてこのエネルギーは、これまでの宇宙史ではほとんど表には現れていませんでした。

それはやはり「奥の宮」たるゆえんであり、今この時と、新アセンション宇宙へ向けてのサポートとして現れています。

それは宇宙史では、レディ・ナダ等とも呼ばれ、日本神界ではクシナダ姫等とも呼ばれています。（クシナダ姫は、アインソフのグレース・エロヒムでもあり、宇宙連合を裏で二十四次元から統括しています）。

そして実はこのエネルギーが、真に二十四次元のアセンション・ゲイトをサポートしているのです。私ロード・サナンダは、実は表向きでしかありません。

ゆえに、これらの固有名詞が重要なのではなく、真の奥の宮の鍵とは、高次の「神聖なる女性性」であるということなのです！！！

それがなぜ重要かということについては、アセンションについて学んできた人たちは大体分かると思いますし、ぜひ探求を深めていただきたいと思います。

そして二十四Dのアセンション・スターゲイトの中心は、根源の太陽神界につながっています。その二十四次元での現れが、二十四Dスターゲイトであると言えます。

そしてそのゲイトのトップ＆コアは、セントラルサン・システムで、根源神界のトップ＆コアへとつながっています。

その根源太陽神界を中心とする新しいアセンション宇宙は、神聖なる母性性が中心となっています。それが本来のセントラルサン・システムであるからです。


そこへ向けての展開が、二〇一三年から本格的に始動します。

根源神界は、まずは十二次元ゲイトから、新アセンション宇宙へつなぐ十三次元ゲイトを設置します。これは新アセンション宇宙の三十六次元からのサポートで行われます。


しかしこれらの内容について、暗記をする必要もなく、鵜呑みにする必要もありません（笑）。

内容はよく分からなくても、内なる愛と光で「そうだ」と感じる人は、後にそれを真に体感していくでしょう！！！


とにかくまずは『神聖』。そしてそのポータル。そして神聖なる女性性。

これを鍵に、まずは二〇一二年十二月へ向かって！　そしてさらにその先へ向かって！

ぜひ進んでいってください！！！

皆さん一人ひとりと全体が、最大ＭＡＸの歓喜の中で、二〇一二年十二月を迎え、そして二〇一三年の新宇宙新年を迎え、そして二〇二〇年へ向けての大シフトとなっていくことを祈願し、応援していきます！！！

おわりに

アセンション・ファシリテーター　Ａｉ
＆高次のすべての愛と光のネットワーク（皆さんのハイアーセルフを含む）より

人類は、いよいよ二〇一二年を迎え、そしてさらにその先へ！
まずはこの二〇一二年を迎えることができたということそのものが、とても重要です。
そこには、高次と地上の各界の、多大なる尽力があります。
今回の宇宙史の、最初で最大のお祝いであり、お祭りなのです！

それは特に二〇一二年十二月まで、最大のアセンションとライトワークに励んだ人は、最大に享受し、実感するでしょう！

二〇一二年十二月は、今回の宇宙史の「大晦日」であり、最初で最後で最大の、「クリスマス」なのです！

これまでのすべての宇宙史の成果をベースに、古代からの預言が成就する日です！

それは、一人ひとりの内なる「宇宙キリスト」（意識、光）の再臨であり、誕生です！

この時までにたくさんの、「宇宙キリスト」の意識と光につながった人たちが地上に誕生するでしょう！

そしてこの時に、その人たちの意識は、ここの宇宙の中心の「アセンション・スターゲイト」を超えて、アセンションした新しい大宇宙へと旅立って行くでしょう！

そして二〇一三年からが、さらなる始まりなのです！

二〇一三年は、新アセンション宇宙の新年です。二〇一三年からは、「内なる神」につながった、「神人」が地上に現れるでしょう！

地上に、根源の、神界の光をもたらすでしょう！

そして魂の故郷であり、目的地でもある「一なる根源」へ向かっての旅を開始するでしょう！

高天原、天孫降臨の神話の再臨であり、今回は「天孫帰還」となるでしょう！

新たな神話、伝説、新しい宇宙史の始まりとなります。

それはこの宇宙の始まりから、魂の誕生の時から、特に日本に住む人々には、皇（すめ）御親（みおや）のＤＮＡとして魂に刻まれているのです。いよいよ目覚める時が来たのです！

二〇一三年には、このためのガイダンスを高次とともに展開していく予定です。

愛と光の根源への旅をともに！

アセンション・ファシリテーター　Ａｉ

Ainsof

◎著者プロフィール ◎

アセンション・ファシリテーターＡｉ（あい）

高次と地上の愛と光のアセンション・アカデミーとライトワーカー家族
ＮＭＣＡＡ(New Macro Cosmos Ascension Academy)
アセンション・アカデミー本部、
メイン・ファシリテーター。
高次と地上の、愛と光のアセンション・ライトワーカー家族とともに、
日々、たくさんの愛と光のライトワーカーと、そのファシリテーター
(アセンションのインストラクター) を創出している。
主な著書は『天の岩戸開き―アセンション・スターゲイト』、
『地球維神』『愛と光の使者』『クリスタル・プロジェクト』(共に明窓出版) 等。

◎ＮＭＣＡＡアセンション・アカデミー本部への
ご参加のお問い合わせは、下記のホームページをご覧の上、
Ｅメールでお送りください。

ＮＭＣＡＡ 本部公式ホームページ http://nmcaa.jp

◎パソコンをお持ちでない方は、下記へ資料請求のお葉書を御送りください。

〒６６３－８７９９
日本郵便　西宮東支局留　ＮＭＣＡＡ本部事務局宛

ＮＭＣＡＡ　本部公式ブログ　http://blog-nmcaa.jp
ＮＭＣＡＡ　本部公式ツイッター　http://twitter.com/nmcaa

根源《こんげん》へのアセンション
神人類《しんじんるい》へ向《む》かって！

アセンション・ファシリテーター　Ａｉ《アイ》著

明窓出版

平成二十四年十一月一日初刷発行
発行者――増本　利博
発行所――明窓出版株式会社
〒一六四―〇〇一二
東京都中野区本町六―二七―一三
電話　（〇三）三三八〇―八三〇三
ＦＡＸ　（〇三）三三八〇―六四二四
振替　〇〇一六〇―一―一九二七六六
印刷所――シナノ印刷株式会社

ISBN978-4-89634-316-8
ホームページ http://meisou.com

愛の使者

アセンション・ファシリテーター　Ai

永遠無限の、愛と光と歓喜のアセンションに向かって――

宇宙のすべての生命にとって、最も重要なことを解き明かし、はじめでありおわりである、唯一最大のアセンション・スターゲイトを開くための、誰にでも分かるガイドブック。
中今の太陽系のアセンションエネルギーと対応している最も新しい「八つ」のチャクラとは？
五次元レベルの波動に近づけるために、私たちが今、理解すべきこととは？

愛のアファメーション
第一章　アセンションの真の扉が開く！
アセンションは誰にでもできる！／アセンションのはじめの一歩
第二章　愛の使者になる！
【愛】とは?!／アセンションは気愛でできる！
第三章　愛と光のアセンションへ向かって！
アセンションへようこそ！／愛と光の地球維神へ！
愛のメッセージ

（読者さまの感想文より）アセンションに向けて、完結に総合的にまとめられていますが、勉強するものにとっては、奥が深く、すべてが重要な内容ですね！！　愛を起点に、目指すべきものがわかったような気がします。神智学などを勉強していて、行間が読める人なら、この内容に絶句しているのではないでしょうか……。

（文庫判）　定価500円

シリウスの太陽

太日　晃

地球と宇宙をつなぐスターゲイトが今、開かれようとしている。来たるアセンションに向け、地球から最も近いスターゲイト、シリウスへと繋げる、壮大なプロジェクトが始動した！　それが、「シリウス・プロジェクト」だ。現役医師による2012年アセンションレポート、緊急報告！　シリウス太陽とは？　スーパーアセンションとは？　宇宙連合とは？　最新情報が満載！

シリウス・プロジェクト
第一章　ＵＭＭＡＣのアセンション日記
ヒーローから「謎の円盤ＵＦＯ」へ ／異星人からの情報 ／死の恐怖／初めての神秘体験／アセンションとの遭遇 ／五次元とは？／ラファエル登場／アセンションの師との出会い／アインソフの光／チャネリングができた！／中今悠天（白峰）先生　講演会／高次のマスター、神界とのチャネリング！／銀河連邦からのメッセージ／エネルギーこそ真実！ ／ＤＮＡの活性化／スシュムナー管のクリスタ化のワーク ／全宇宙・全高次よりの恩寵／その後のプロセスから中今へ
第二章　対談　Ａｉ ＆ ＵＭＭＡＣ
アセンションとクンダリーニについて／宇宙連合について／新ミレニアム――ＡＤ二〇〇一年について／太陽の活性化について／アセンション後の世界と地球について ―― 宇宙ヤタガラス
付　録1　スシュムナーのクリスタル化について
付　録2　地球瞑想 ―― 自己と地球のチャクラ活性化ワーク

中今（白峰）先生からの、中今最新メッセージ

定価1000円

光のラブソング

メアリー・スパローダンサー著／藤田なほみ訳

現実《ここ》と夢《向こう》はすでに別世界ではない。

インディアンや「存在」との奇跡的遭遇、そして、9.11事件にも関わるアセンションへのカギとは？

●疑い深い人であれば、「この人はウソを書いている」と思うかもしれません。フィクション、もしくは幻覚を文章にしたと考えるのが一般的なのかもしれませんが、この本は著者にとってはまぎれもない真実を書いているようだ、と思いました。
人にはそれぞれ違った学びがあるので、著者と同じような神秘体験ができる人はそうはいないかと思います。その体験は冒険のようであり、サスペンスのようであり、ファンタジーのようでもあり、読む人をグイグイと引き込んでくれます。特に気に入った個所は、宇宙には、愛と美と慈悲があるだけ、と著者が言っている部分や、著者が本来の「祈り」の境地に入ったときの感覚などです。(にんげんクラブHP書評より抜粋)

●もしあなたが自分の現実に対する認識にちょっとばかり揺さぶりをかけ、新しく美しい可能性に心を開く準備ができているなら、本書がまさにそうしてくれるだろう！（キャリア・ミリタリー・レビューアー）

●「ラブ・ソング」はそのパワーと詩のような語り口、地球とその生きとし生けるもの全てを癒すための青写真で読者を驚かせるでしょう。生命、愛、そして精神的理解に興味がある人にとって、これは是非読むべき本です。(ルイーズ・ライト：教育学博士、ニューエイジ・ジャーナルの元編集主幹)

定価2310円

☆ 読み聞かせに最適な～スピリチュアル絵本 ☆

「大きな森のおばあちゃん」 天外伺朗

絵・柴崎るり子

象は死んでからも森を育てる。
生き物の命は、動物も植物も全部が
ぐるぐる回っている。
実話をもとにかかれた童話です。

定価1050円

「地球交響曲ガイアシンフォニー」
龍村 仁監督 推薦

このお話は、象の神秘を童話という形で表したお話です。私達人類の知性は、自然の成り立ちを科学的に理解して、自分達が生きやすいように変えてゆこうとする知性です。これに対して象や鯨の「知性」は自然界の動きを私達より、はるかに繊細にきめ細かく理解して、それに合せて生きようとする、いわば受身の「知性」です。知性に依って自然界を、自分達だけに都合のよいように変えて来た私達は今、地球の大きな生命を傷つけています。今こそ象や鯨達の「知性」から学ぶことがたくさんあるような気がするのです。

「花子！アフリカに帰っておいで」

「大きな森のおばあちゃん」続編 天外伺朗 絵・柴崎るり子

山元加津子さん推薦

今、天外さんが書かれた新しい本、「花子！ アフリカに帰っておいで」を読ませて頂いて、感激をあらたにしています。私たち人間みんなが、宇宙の中にあるこんなにも美しい地球の中に、動物たちと一緒に生きていて、たくさんの愛にいだかれて生きているのだと実感できたからです。

定価1050円